打開天窗 敢説亮話

WEALTH

智勝美股

顛覆世界的16巨企

東昇 著

目錄

推薦序

自序

前言

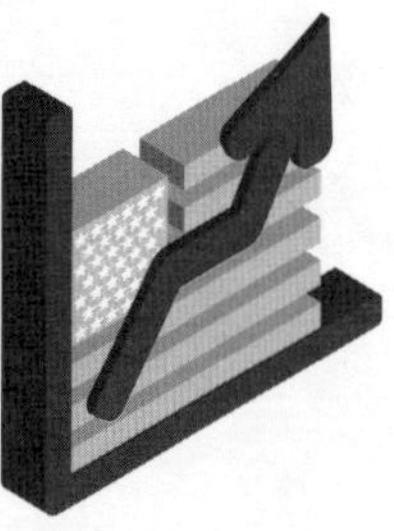

Chapter 1
投資美股策略

Chapter 2
科技股：投資未來

Chapter 3
金融支付科技股 改變未來支付模式

Chapter 4

消費股：穩健平衡科技股風險

Chapter 5

投資美股須知

推薦序

認識東昇應該是在止凡飯局吧，回想起來應該都有數年時間，止凡飯局中大部份都是財經bloggers們，我大約在2015年才開始寫blog，與他們相比應該算是最遲才加入寫blog的行列，以年資計，我絕對是後輩，而東昇出版其第一本書的時間亦比我早。一班bloggers之中，他們各有所長，各有偏好，有些喜歡投資內銀股，有些喜歡折讓股，有些喜歡房託基金，而東昇在一眾bloggers之中應該算是興趣最為廣泛。東昇的投資興趣範圍雖廣，但他對每一隻個股的研究都非常深入，而且十分科學化，這一點非常值得我們學習。

如大家有留意他的博客，便會知道他特別鍾情領展（HK.823），這與我的喜好一致。於我而言，我一般比較少對個別股份作太深入的研究，一般只從它的基本面如公司的營運模式、行業預測、管理層質素、資產質素等進行方向性的分析。而東昇值得欣賞的地方是對每隻有興趣的股份都願意花大量的時間去整理資料，例如他對領展的研究十分細膩，細緻到每個商場的資料、租金水平、車位數目等都分析得十分透徹。我經常說，投資世界沒有免費午餐，你付出多一點，你便會了解多一點，那麼你對風險和回報便能夠掌握多一點。成功，很多時候就是因為這一點點。

投資講求資產配置，要做好資產配置必須要不停去認識不同的投資選項，投資選項可以是不同性質的投資產品，也可以是不同地域性的投資產品，手上有多種不同的投資選項才能做到優劣互補、分散投資的效果。香港投資者的通病是視野太狹窄，投資產品不是股便是樓，且地域僅限於香港，較少能夠走出去國際市場。美國，作為世界第一大國際金融中心，資本市場成熟，不少世界大型企業都爭相前往美國上市，投資選擇自然比其他市場更多。

東昇的這本書正好能讓大家將眼光放諸四海，讓大家明白在投資美國股票如Apple、Tesla、Visa、Paypal等這類美國科技股的時候，應該如何運用與傳統行業不同的思維去分析。在閱讀這本書的過程中，相信大家必定能從中有所得著，我誠意推薦！

Starman
星匯資本創辦人
《現金流為王》作者

推薦序

很榮幸有機會再次替東昇的著作寫序，這是他第二本著作，記得他的第一本著作主要談及投資基礎，比較適合初學者，當時寫序時看了看，認為這絕對不是東昇功力之全部。今次這本著作終於有更深層的功力，尤其東昇分享了他的專長——美股。

曾在飯局與東昇見面，於飯局中他透露過一個小故事。東昇曾於一次投資課程中發現有會計行高層前來上課，當時他有點汗顏，會計行高層來上他的堂為了甚麼呢？踩場嗎？

一問之下，原來該位會計行高層參與他的投資課程，是希望前來聽他對領展的分析，因為該高層平日有看東昇的blog，發覺他所寫的領展估值分析已達到專業級別。我大概知道這是如何做到的，不過不太方便透露吧。

其實東昇對美股的分析內容相當吸引，而且不多blogger撰寫這範疇的文章，這也是我當年加入其連結與關注其blog的主因。還記得當年曾看到東昇以價值投資的角度，分析當時還未有盈利的Tesla，及後當

Tesla升到高位，又主動減持甚至清倉，獲利甚豐，這樣的操作難度不低，大家不妨回顧。除了blog文之外，東昇更不時拍影片追蹤業績，非常有心。

說回這本書，今次進一步談及股票投資，主要集中美股。書中有好幾個我特別喜歡的地方，首先是談及東昇的個人故事。原來大學年代的東昇已經開始買賣美股，當時他從生活中發現任天堂公司，與同學設法投資任天堂，最後成功獲利，有趣！

東昇亦解釋了選擇美股的原因，他認為港股太過單一，只側重中資企業與金融股，缺乏美國發展高科技企業的營養，的確，影響全球的巨型企業差不多都在美國。這些耳熟能詳的美國公司引起了東昇的興趣，書中提及不少相關資料，亦有分析。

常看東昇的blog會發現他特別留意美國科技股，到底數十倍甚至過百倍市盈率的美國科技股要如何分析？如何買賣？想了解的話，這本書值得一讀。

與此同時，原來東昇也看中一些非科技類股票，包括一些消費股，用以平衡組合風險。平時很少聽他談及，看了這書才知道，十分有驚喜。當中提到一支3M股票，原來已經派息一百年了。

若讀者對美股有興趣，我誠意推介這部著作，算是走進美股投資的第一步。

止凡

「取之有道」blog主

推薦序

我是在止凡的飯局認識東昇的，老實說，價值投資圈子內的年輕人並不多（除非你是用羅致光60歲才算中年的定義），這不是「抱怨」，只是想指出價值投資所需要的思想成熟、理性、忍耐力等特性不容易在40歲以下的人找到。價值投資的路是孤獨的，在Blogger的圈子中，不同人有不同的能力圈，不計債券、房託，單說股票，不同Blogger分析的股票類型、行業都很廣泛，因此每次出席不同Blogger的飯局，都能夠擴大自己的能力。

跟東昇第一次見面前，我已經去過幾次飯局，多聽不同人的見解令我獲益良多，大家的基礎都很穩健，例如護城河、安全邊際等概念大家都很認同，可算是在沙漠中找到綠洲。

只是年齡相若的，真的沒幾個，而且大家都非常集中港股，亦普遍厭惡巴菲特不喜歡的科技股（現在情況好多了）。所以，當我聽到一位跟我年齡相若、同樣是80後的朋友會投資美國科技股，內心是十分期待的……（說笑而已，其實那天晚上我沒有太大感覺，哈哈！）

東昇其後到我電腦公司砌機，大家因為同樣喜歡打機而開始熟絡，那個時候才真正認識東昇。跟一般客人的話題，大多只討論打機用的顯卡效能，或是電腦上的技術問題等。跟東昇聊天，卻會很自然談到美國科技股如Nvidia、AMD、Apple、甚至其他港股的表現，相當神奇。

投資美股的香港人應該不多，香港股票市場總市值大概是30兆港元左右，位列全球第五及亞洲第三大（日本及中國之後），「只」佔全球股市市值的6.5%，但美國股票市場總市值約30兆美元，佔全球股市市值的40%！而且香港有87%的集資來自大陸（有時我想香港只是中國的次要市場），無論是企業光譜或類型範疇，美國股市也比起香港更多樣化。所以看到東昇出版美股的分析著作，而且包括大量科技股，我是十分樂意看到的。

東昇的投資風格我也是十分欣賞，他其中一隻愛股是香港的領展房產基金（HK.823）。早在未認識他的時候，我已有買入此股，有次私下請他分享個人意見，他說：「啊，我已經研究過它有多少個資產，旗下的商場、商店、車位數目也了解過，之後將它們的估值比率全部都輸入了一個Excel表內，現在每次公布業績時，我只需簡單輸入幾個數字，就可自動計算出最新的估值。」我聽到後即「O嘴」（網絡詞語意即十分驚訝），因為自己根本沒有如此深入分析股票，很多時只會以巴菲特名言：「寧可要模糊的正確，也不要精確的錯誤。」，讓自己有懶散的藉口。但事實是，愈了解自己的投資標的，持貨信心就愈強大，這也解釋了為甚麼東昇能持有領展至今而大賺，而我就只能在該股賺取微利。

投資的原則放諸四海皆準，但不同市場均有自己的變化、有不同需要注意的地方。 例如在美國，「買入及持有」的長期投資策略現在變得很困難，我自己手上的美股5年不動就被美國政府沒收（現在還在特拉華州申請索賠中），聽說這是針對恐怖集資的政策，因此在股票行的投資不可太長時間沒有動作。但比起香港，美國股票市場更令人感到熱血沸騰，當你手持世界上最頂尖、最先進的品牌，感覺就像站在山頂的高峰一樣。

最後，容許我以傳奇投資者彼得林治的名言作結：「假如我有一塊錢，把它給了你，那一塊錢就變成你的，但假如我給你的是一種觀念，那我們兩人便同時擁有它了。」我期望讀者能夠跟我一樣，在東昇的書內看到比香港更大的世界。

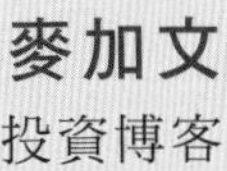

麥加文
投資博客

自序

大家對今天的美國的認識是甚麼？相信大家的焦點都落在現任總統特朗普身上。當大家的注意力從這位言行出眾的總統先生身上，自然也會比較容易忽略了近年在美國的種種機遇。

美國可以在世界上擔當世界警察的角色，除了本身國家的野心外，很大程度因為美國本土並沒有受第二次大戰的破壞，比起慘遭世界大戰所損害的其他國家，作為戰勝國的美國，戰後的經濟發展得到很大優勢。

在近二十年的計算機科技及互聯網的發展，美國公司均能站於科技的尖端，孕育出一間又一間的巨型企業，在全球大部分人民的生活中，賺取豐厚利潤，利用賺到的盈利，再投資及發展本身的優勢領域。

強者如微軟、IBM、蘋果、Google、Facebook、亞馬遜，乘着科技的發展迅速壯大起來。可幸的是，我們作為投資者，如果能夠運用本身的知識，好好把握機會，我們也能乘這趟順風車大賺一筆。這就是為甚麼我在十多年前，已開始研究美股，並身體力行重倉蘋果股票。

經過十多年在股票市場的經驗、不斷吸收證券分析知識，在商界打滾十多年的我，現在對大企業如何運用自身優勢及壟斷來賺取暴利，有另一番的體會。於是，透過美股的投資，我利用自身的資金不斷增加資產，務求及早財務自由，做自己喜歡的事。

經驗多了，我開始想跟大家分享，亦開始寫起博客來，於是數年前博客〈80後之投資生活〉就誕生了，希望跟大家分享投資及生活的點滴。其後亦有幸出版了第一本投資書籍《倍升股投資攻略》，講述一些理財及投資的心態，及分享買賣股票的基本要點。

到了2018年末，有幸跟天窗出版社合作出版這本分析個別美股的書籍。

此書，我深入研究16隻美股，並將之分為三大類，分別為科技股、電子金融股及美國傳統消費股。

我深信，此書所分析的美股能在未來瞬息萬變的科技世界，取得極大的優勢，從而賺取大量的現金，為股東創造價值；與此同時，我嚴選的美國傳統消費股，亦極具投資價值，加進投資組合內，可有效平衡科技股的風險。

我希望透過此書，讓從未接觸美股的朋友對美國公司有更深入的認識，從而各自發掘自己能夠掌握的投資機會；我亦希望此書能與各位股票投資老手分享，讓老手們了解我個人的觀點，並對個別美股有另一番的體會。

創作此書並不容易，當中得到了很多人的幫忙。在此，我想多謝天窗出版社的團隊，把繁複的文字及數據包裝成這本精美的投資書。此外，我也想藉此多謝博客譚兄，跟他進行美股討論，每次都能為我帶來嶄新的想法。

亦要多謝為此書寫序的朋友，止凡、Starman及麥加文，三位都在各自領域有極佳發展，堪稱大忙人，特意抽空為我寫序，在此希望跟你們說聲謝謝。

最後當然要多謝我的太太，把家中的小東昇照顧得很好，令我可以無憂地創作。這本書亦是我給小東昇的第三本禮物，希望利用投資書中眾多的美股，為小東昇成立教育基金，十多年後希望基金能夠以倍數式增長，以支持他日後的學業費用。

東昇

前言

坐上科技時代的順風車

筆者於2017年出版第一本書籍作品，當時提及過筆者曾經透過買入美國股票，賺取第一桶金，至今讀者們仍津津樂道。但是，上一本着作重點放於理財概念、證券基本知識、分析方法及個人看法分享等等，只有很少的篇幅去分析個股。

着重分析美國公司基本面

筆者亦發覺在本地的書籍出版市場當中，雖然有很多投資理財的書籍，但是香港人寫的研究美股的書籍甚為罕見，尤其是分析美國公司基本面的書籍更加是百中無一。

此書分享的16間公司，均由筆者嚴格選出，個人認為是最有前景的美國企業。這些美國企業包括一些高科技公司，他們的業務正正帶領全球科學技術應用，不斷創新，為全球人類作出更好的產品，同時亦為投資者帶來極為豐厚的回報。此外，此書亦有分析一些百年品牌的消費股，他們的產品亦深受全球各地的消費者歡迎，有很穩健的財務基礎，值得進行基礎證券分析。

東昇的美股投資歷程

在此書開始前，筆者會簡述一下歷來買賣美股的歷程。筆者也是普通凡人，所以很多買賣都不能做到最完美，事後看來也十分後悔及十分可笑。但無論如何，筆者買賣美股十多年的經歷，可能會對讀者有另一番的體現。

首次投資　選了任天堂ADR

說來很有趣，我在開立美國股票戶口而買入的第一隻股票並不是美國股票。在2004年，我讀大學的時候，我有一位同學發現日本任天堂公司出品的一部手提遊戲機NDS，在當時極之受到香港人的歡迎。於是，他便研究這部遊戲機的可取之處，他發現這遊戲在日本、東南亞甚至乎歐美都非常受歡迎。於是他就跟我研究如何可以買到日本股票，當時在滙豐銀行開立日本股票戶口的門檻很高，每人大約要10萬港元作為最低的投資額。對一個窮苦大學生來說，我們總不能出10萬港元吧。

於是同學便研究如何可以買到任天堂的股票，最後他發現任天堂的股票已在美國以預託證券的形式上市，代號為NTDOY。如是者，我們便開立了第一個美股戶口作買賣，所以第一隻買入的股票不是美股，而是美國預託證券（ADR）。

在這次投資任天堂的ADR，我是以13美元買入，直到22美元才賣出，總共賺了七成，達到數萬港元。賺了數萬港元的我已經開心到上天落地了。但是我的同學一直把股票持有到60美元才賣出，在有槓桿及加倉的情況下，他大賺了100萬港元。

經此一役，我對美國的股票或在美國上市的ADR很有興趣，而且我發現，從生活中的觀察而買入優質的股票的方法也是可取的。

財富藏於生活細節中

為了進一步學習證券分析，我開始閱讀大量傳統經典書籍，當中，星級基金經理彼得林治（Peter Lynch）的投資方法令我最感興趣，其着作《征服股海》（*Beating the Street*）更加是令我嘆為觀止，而彼得正正是提倡在日常生活中發掘優質股，與我同學當年分析的任天堂如出一轍。完成閱讀後，在2008年我踏上了發掘潛力美股的征途。直至2009年，我留意到蘋果公司出產的智能手機——iPhone正急速冒起，一部手機竟然可以上網查看電郵，而且介面非常簡潔易用，當時的我，已經確信iPhone能夠顛覆傳統黑莓（Blackberry）的商用手機市場，以及Nokia／Motorola／Sony Ericson的傳統手機市場。

買入蘋果

於是我開始收集蘋果的股票，時為2009年，當時的股價大概是120美元（後來因為蘋果1拆7，那時的股價折合即是現價的17美元）。我不斷持有及收集蘋果，直到2011年，因為要結婚及置業，無可奈何地把所有蘋果的股票平倉套現，實在萬般不願意。我的平均賣出價折合約50美元，而今天蘋果的股價已站穩200美元之上。

買賣Tesla　收集各式美股

從2011年開始經歷了數年的婚姻生活及事業奮鬥，我也把美國股票的投資停下來，並錯過了美國科技股的黃金時期。直到2014年無意中發現電動車公司Tesla，重施故技以同樣的方法收集Tesla的股票，並在2017年接近高位的時候把大部分的Tesla股票賣出，轉為較為安全的港股領展(0823.HK)。

過去三年間，除了把Tesla股票轉為輕倉及短線買賣，我也有收集迪士尼、3M、Facebook、Nvidia、Google、Amazon、Netflix、Visa、Master Card。我亦曾經投資過美國航空，廉價航空公司Jetblue，QQQ ETF等等。最近亦開始有研究及投資服裝股 Lululemon、法拉利、P&G等等。而在書中所提及的其他股票則在我的深入研究及監察之中。

展望未來，我要為自己及我的兒子建立一個長遠的增長基金，我相信書中提及的股票，會成為我的重要持倉。

NYSE

Chapter 1
投資美股策略

1.1 為何要投資美股

要了解為甚麼選擇投資美股市場，首先我們要了解本港股票市場的構造。在本港最具代表性的恒生指數當中，有超過60%比重是中國企業或跟中國內地有緊密商業業務的企業，同時亦有接近50%的股票與金融及保險業有關。

可見恒生指數及本港經濟其實很單一，經濟極為倚賴金融業，同時亦受中國經濟主宰，因此恒生指數多年來的波動，跟中國的經濟發展以及金融業的穩定性有一定關係。亦因為這個原因，比起美國股市，恒生指數過往的牛市時間相對短，熊市的跌幅亦來得比較急切及短暫，2015年大時代的短暫升幅，以及2016年急切的深度調整就是很好的例子。

以長遠投資的角度來看，經濟的單一性，會令投資單一地區的投資者陷入過分集中的風險。就港股市場而言，中國政策上的每一個舉動，足以影響香港的經濟表現，中國的其他因素例如經濟增長勢頭、國策上的改變、跟美國及其他國家的外交關係等等，亦很容易牽動港股投資者情緒，難免會令股票的價格甚為波動，長遠影響了本地股市的可持續性增長。

美國孕育科技公司

到底哪個國家可以提供一個較長遠、低風險又高回報的市場呢？我不敢說美國股票市場一定是最好的，但過去10多年內，很多全球最傑出管理及最創新的公司都在美國誕生、成長。蘋果公司（Apple Inc.）過去十年的成長就是最好的例子，完全可以看見美國在高科技產品的生產及設計上，如何取得驚人的成就，如何帶領全球人類使用智能電話，甚至如何成為全球最大市值的公司。

Google、Facebook及Amazon等公司近年的發展，也可以看到這些輕資產，高回報的美國軟件公司，如何一步一步從細小的創投公司，成長到現今的科技企業巨無霸。

另外，人工智能及大數據對經濟的效益愈來愈廣泛，相信未來的科技都會圍繞着這兩個主題發展，現在發展人工智能及大數據最成功的公司，都是美國公司。因此投資美國股票及涉獵這些科技公司，長遠來說，應可為投資者帶來非常可觀的回報。

多間百年品牌大企業

除了這些科技公司，美國的企業亦不乏一些百年品牌如3M、迪士尼、寶潔等等。這些公司的營商策略及商業模型能夠令他們不斷賺進大量的現金，從而發展公司未來的業務，這些都是投資者樂見其成的。

受控的外匯風險

比起投資其他國家，港人投資美股的好處是可以減免外匯風險這一重大風險因素，聯繫匯率的關係，港元對美元的匯率一般維持在強方兌換保證及弱方的兌換保證的範圍內浮動，基本上以港元投資美股的外匯風險被控制在2%之內。

有了美國股票這個選擇之後，我們在創建投資組合時，可以加入美股、港股及中國股票，享盡三地的經濟增長、公司成長及優勢，亦可平衡整個組合的風險。

1.2
美國股市特點

既然決定要投資美國股市，就應該要對美國股票市場有基本的認識：

美股三大指數

S&P Dow Jones Indices
A Division of S&P Global

道瓊斯工業平均指數
Dow Jones Industrial Average (DJIA)：

有超過100年的歷史，是世界上其中一個最具代表、歷史最悠久的指數之一。到了2018年，道指30隻成分股包含了各行各業，其中最大比重的公司有工業股3M，飛機製造商波音等等。

STANDARD
&POOR'S

標準普爾500指數
S&P 500：

簡稱標普500，英文全寫是Standard and Poor's 500，是一個包含了500間美國上市企業的指數。這些企業有些在紐約交易所上市，有些則在納斯達克交易所上市。

納斯達克指數 Nasdaq Composite（NASDAQ）：

簡稱納指，英文全寫是National Associations of Security Dealers Automated Quotations Composite。納指於1971年成立，2018年的納指已由多隻成分股組成，最大的成分股比重包括蘋果、亞馬遜、Facebook、Alphabet等等。從事科技行業的公司，一般都在納斯達克交易所上市。

美國交易所買到的股票資產

股票：很多都是美國本土上市的企業，又或者總部在美國設立、並在美國交易所上市的企業，這些企業發行普通股，投資者只要輸入相關的Ticker，就會很容易買到股票。

交易所買賣基金（Exchange Traded Fund, ETF）／指數基金：ETF直接翻譯為在交易所可買賣的基金。美國的交易所有眾多可買賣的ETF，包括由基金公司所主理的互惠基金、指數追蹤基金、指數反向基金等等。下表列出港人常見的ETF：

圖表1.1　港人常見的ETF

ETF	資產／追蹤指數或資產
Vanguard S&P 500 ETF (VOO)	追蹤標準普爾500 指數
Invesco QQQ Trust ETF (QQQ)	追蹤納斯達克指數
Proshare UltraShort QQQ (QID)	反向追蹤納斯達克指數
Vanguard FTSE Developed Markets Index Fund (VEA)	追蹤全球除美國以外的已發展市場指數（可以買到雀巢／Novartis 藥業／三星電子等股票）

房地產信託基金（Real Estate Investment Trust REIT）：在美國的交易所，有林林總總的房地產信託基金可作買賣。有些REIT的資本增值能力很有限，但投資者可每年、每季或每月收取股息。一般來說，這些REIT提供的孳息率比起美國十年期國債息率高，但其風險則在於信託基金管理公司的質素及其資產的質素。

美國證券（海外公司）／預託證券（American Depositary Receipt／ADR）：有很多公司，包括內地的企業，如阿里巴巴（BABA）、百度（BAIDO）等等，都不選擇在中國或香港上市／維持上市地位，反而他們在美國上市。這些公司的股票都可以透過輸入美股的Ticker而能夠買到。

交易時間分冬夏令

夏令時間由每年三月第二個星期日凌晨二時開始；

夏令交易時間：本港時間晚上9:30至翌日凌晨4:00。

冬令時間由每年十一月第一個星期日凌晨二時開始；

冬令交易時間：本港時間晚上10:30至翌日凌晨5:00。

六大因素影響美國大市

1.經濟周期：跟其他股票市場一樣，經濟周期是影響美國股票上落的最重大因素之一。簡單來說，經濟活動擴張、企業投資增加、營收擴大，企業資產膨脹，均有利於股市發展，亦會利好投資氣氛，形成眾多股票上升的趨勢，這就是牛市。目前來說，美國在2007-2008年的金融海嘯之後，正處於一個長達十年的牛市當中。

相反而言，當經濟活動前景不明朗，金融市場有系統性風險、企業投資收縮、投資者對未來投資信心不足，市場會傾向拋售資產，轉為吸納現金或黃金等，導致經濟活動進一步收縮、股票下跌、甚至造成恐慌性拋售，這就是熊市。

2.貨幣政策：聯邦儲備局負責制定美元的貨幣政策，並調整利率。如果利率調升，俗稱加息，對全球經濟活動、股票市場及房地產市場都會有一定的影響。另外聯儲局發表的報告，亦暗示當局對當前的通貨膨脹或通貨萎縮的看法，有一定的指標性。

3.戰爭：美國能夠成為全世界第一大經濟體及經濟大國，是因為第二次世界大戰的主要戰場在歐洲本土，蘇聯，中國，東南亞及太平洋地區，雖美國有派出軍隊參戰，但是美國本土沒有重大的戰爭（夏威夷除外），所以美國的經濟沒有經歷重大創傷。其後第二次世界大戰結束，美國作為戰勝國，對戰敗國進行政策制裁，以及在那些國家境內部署軍事基地，亦成功在全球採集資源，因此，美國在二戰後成為了全球最大的經濟體。同時，美國股市內的大企業大多能夠在二戰後，發展成為行業內的龍頭，而且美國科技發展更加是一日千里，這兩種經濟體令企業盈利增加，國民生產總值大增，所以美國股票一直極具投資價值。

第二次世界大戰之後，美國一直在世界扮演世界警察的角色，多次出兵到不同的國家。對外參戰如韓戰、越戰、波斯灣戰爭、阿富汗戰爭等等。每次美國出兵的消息都會令美股有一定的調整。以越戰及阿富汗戰爭為例，其時間之長、資源投入之多，均對美國政府的財政構成一定的壓力，所以投資者不妨多加留意關於美國對外的戰爭政策。

4. 每月經濟數據：美國每月都會公布不同的經濟數據，包括採購經理指數、首次申領失業救濟金人數、消費者信心指數、新屋銷售、非農業產品銷售等，都會影響美股大市的表現。投資者亦可以多加留意。

5. 市場預測：有時候，即使上述的經濟數據良好，也未必一定能夠刺激美國股市上升，只要不及市場預期，造成落差，都會成為一個壞消息令投資者做空美國股市。

6. 民主黨和共和黨：傳統上共和黨的政策偏向對商界稍為有利，因此，如沒重大事件發生（如9-11恐怖襲擊或金融系統的不穩），共和黨為執政黨期間美國的表現較好；反之，傳統上民主黨偏向對大眾稍為有利，政策有時候會對股市不利。

1.3 科技股消費股分析方法大不同

本書分析了多隻美國的科技股及傳統消費股，兩者的側重點大有不同，分析方法亦不同。

傳統價投不適用於科技股

美國科技股掌握人工智能及大數據的技術已是一個公開的秘密，不少成熟投資者大量投資這些科技股票，導致這類公司的市盈率（P/E）從來都不低。如果我們謹守傳統價值投資的方法，單純以市盈率或是市帳率（P/B）進行篩選，這些美國企業根本不能投資。以市帳率為例，一些美國的高科技公司擁有十倍市帳率，用十元的現金去購買一元資產淨值，在傳統的價值投資分析教條下，投資這些美國科技股簡直是荒謬。

傳統的價值投資分析方法有其盲點，以市帳率為例，這方法沒有分析及考慮股東資金回報率（Return on Equity, ROE），但這些高科技公司的股東資金回報率往往高達30至40%，因此投資者絕對願意付出溢價買入股票，完全沒有「便宜」的一刻。

這些公司每季、每年的業績都交足功課，能夠以極少的股東資金賺進大量的現金流，令盈利及現金維持在高水平，亦直接貢獻了美國股票市場過去10年的長期牛市。如果依照傳統價值投資的教條選股，就會錯過高增長的時刻。當然，投資這些科技股也可能會承受較大的風險，我會在之後詳細描述。

買股票是買未來業務

所以分析這些股票時，應該了解公司的市場及產品，從一些渠道去估算其盈利增長，只要公司有高盈利，以及高的股東資金回報率，較高的市盈率及市帳率是可以接受的。本書將會集中介紹這些公司的業務及性質，讀者可以在本書的幫助下，再憑着自己的能力，分析其產品及業務在未來數年甚至數十年的發展，看看這些產品業務對於盈利增長有沒有幫助。

消費股要留意派息比率

至於傳統的消費股，我們需要給多些耐性，集中留意他們的派息比率，留意公司是否願意跟投資者共同分享龐大盈利，我相信優質的消費股，市值及盈利是可以慢慢地穩步上揚的。如果投資者能夠在市場恐慌及市場錯價的時候，低價買入股票，消費股可以在低風險下提供應有的回報。

我會在本書的消費股章節，集中介紹這些股票，分析他們的業務及產品，以及其派息情況。

1.4

七個顛覆未來的領域

根據我多年的觀察及研究，個人認為以下七個領域會是人類未來所重視的：

電動汽車／自動駕駛

電子商貿／電子支付

人工智能

大數據分析

雲端服務

串流娛樂

健康及醫藥

環保意識強　電動車將成主流

現時我們使用的汽車主要原料是汽油。汽油的產量極為有限，亦有用完的一天，有見及此，許多科學家早在數十年前已經提倡使用可再生能源。可再生能源在發電方面已發展多年，太陽能、水力發電、風力發電等發電廠已十分常見。

汽車方面，十年前只有零星的廠商製造出一些電動車款。受限於技術及資金，製造出的電動車速度慢，充電時間長並且續航距離短，一直未能打入主流汽車市場。

自從美國的Tesla量產Model S以來，上述的電動車缺點都得到了很大的改善。展望未來，數十年後，相信全世界的電動車將由現在佔所

有汽車不足2%發展到超過50%，其中，英國及法國已經立法在長遠的未來不能夠生產用汽油的汽車。同時，世界上各方人士亦致力推動環保及減低溫室氣體排放，所以電動車會成為未來的主流，從事這門生意的公司佔有很大的先機。

隨着人工智能及圖像處理能力的發展，高輔助性駕駛及自動駕駛也不再是天方夜譚。配搭電動車技術及自動駕駛的汽車，將會直接令駕駛者節省能源、減低在路面的排放及增加安全性。

這將會是汽車業未來的發展，所以筆者選擇了Tesla在此書作為研究。

電子業務大勢所趨 

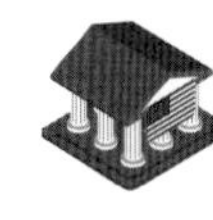

隨着高速網絡科技愈來愈發達，無線流動通訊的電子產品亦愈來愈普及，電子商貿及電子支付的發展變成大勢所趨。

先講電子商貿，雖然中國的淘寶網在中港大行其道，但早在淘寶網普及的十年前，美國的電子商貿網站ebay及Amazon已十分普及。電子商貿平台完全衝擊傳統的零售市場，即使居所不接近購物中心的用戶，也可以足不出戶輕易地透過網購，買到各式各樣的產品。發展到今天，配合改善了的物流服務、更安全可靠的電子支付服務等等，我們幾乎可以安在家中購買絕大部分的日用品。電子商貿仍未飽和，還在不斷蠶食傳統的零售市場，所以仍然值得留意。

信用卡是電子支付的先驅，愈來愈多人發現了電子支付的好處後，商家開始嘗試在信用卡的基礎上建立電子支付平台。例如Paypal在信用卡的基礎上建立中介平台，讓買家及賣家在不知道對方的詳細財務資料的情況下買賣，其獨特的保密性在電子支付上亦有一定的發展空間。

電子商貿及電子支付的領域，筆者選擇了Amazon／Visa／Paypal於此書作為研究。

人工智能取代大量工種

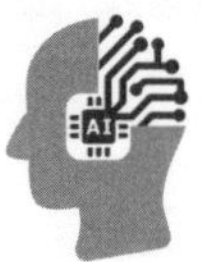

人工智能其實一直與我們常在，一些棋盤類的電子遊戲，跟玩家對戰的「電腦」內含的演算法，已經是人工智能應用的一種。

隨着電腦計算及儲存的成本愈來愈便宜、計算速度愈來愈快捷、半導體的體積愈來愈小，以及圖像處理器（GPU）的發展，人工智能的應用將會愈來愈廣泛。時至今天，人工智能已在軍事、航空、航運、天氣預測、科學研究、工程設計、翻譯、圖像處理、工業生產、自動駕駛、遺傳學、醫學等領域上得到廣泛及具經濟效益的應用。展望未來二十到三十年，人工智能的應用將更影響我們的日常生活及工作。綜合研究所得，人工智能的應用將會影響人類常見工種如製造業工人、接待員、文員、速遞員、司機、軍人、保安人員、接線生、農民等等。而專業人士如會計師、律師、醫生、工程師等等的數量亦會隨着人工智能的發展而大量減少。

工種大幅減少後，所節省到的金錢會跑到哪兒？有一部分的工資，將會成為人工智能開發公司的盈利，因此，及早參與人工智能的硬件及軟件開發及應用的企業，未來將大大受益，而這個領域的上游企業，大部分均在美國上市的。

筆者故此選擇了Apple／Google／Amazon／Nvidia／Tesla等在此書作為研究。

掌握大數據　掌握商業模式

其實數據分析這領域已有數千年的歷史，隨着電子資訊以幾何級數的形式增加，再加上電子儲存的解決方案愈來愈便宜，造就了前所未見的數據氾濫情況。面對海量數據情況，漸漸衍生了大數據（Big Data）這種領域出來。

證券選擇又如何與大數據牽上關係？我們先要有一個概念，愈掌握最多、最有用的人類數據，就愈有利去發展未來的商業模式（Business Model）。由於有數間巨型科技企業多年來向用戶免費提供軟件服務，所以這些企業能夠吸取大量的用戶註冊，例如有Facebook、Google、Visa、Paypal、Netflix及Amazon等等公司。

用戶透過使用公司的服務，一些生活細節如個人興趣、上下班地點、喜愛的地方、每天運動量、喜愛的餐廳、旅遊模式、娛樂、購物能力等，會不知不覺間被這些巨企記錄起來。

在市場學的角度來看，掌握這些大數據從而加以分析，會令這些企業能夠設計出最新、準確並合用的產品提供予用家，從而建立新的盈利模式。

針對大數據領域，筆者選擇了Amazon／Facebook／Google／Netlfix／Paypal／Visa等股票在此書作為研究。

電子資料激增　推動雲端服務

寬頻網絡速度愈來愈快，價格下降，很多以往不能夠實現的概念，現在也可以做到了。

例如，如果我們要儲存龐大的電子檔案，巨大容量的儲存裝置已經不是唯一選擇，因為寬頻網絡速度可令我們在雲端服務者中輕易存取大量電子資料。雖然現在這些服務未算是極為普及，但增長潛力是存在的。

除了雲端儲存外，Microsoft、Google、Amazon等科技公司都積極發展雲端軟件、雲端伺服器、雲端計算電腦等服務。這些服務令企業降低添置伺服器、超級電腦的成本。不論是中小型的軟件供應商，或是大型的硬件供應商如IBM、Dell、HP等，搶先在這些領域發展的公司將會極為有利。

針對這個領域，筆者選擇了Amazon／Google等股票在此書作為研究。

串流娛樂改變娛樂習慣

我們還要在晚上8:30等待我們心儀的電視節目嗎？我們還要買Blu-ray／DVD回家看電影嗎？我們還要買CD聽，又或者是找mp3下載嗎？

寬頻網絡速度愈來愈快，連我們的視聽娛樂模式也受到重大的衝擊。隨着串流（Streaming）技術的發展，傳統的有線電視、電影發行、音樂唱片正受着重大的威脅。

串流娛樂技術將改變我們以往的影視聽娛樂習慣，不用再跟電視劇的時間表去看電視，想看哪個節目，看多久，隨時暫停等等都可以在手中選擇；聽音樂不用再買很多CD，只要付上月費，享用串流音樂服務便可以了。

以Apple Service為例，近年已可以為Apple貢獻不少盈利。Netflix更在串流影視的生意上大放光彩，預計將來的會員可望突破兩億。

串流娛樂的領域，筆者選擇了Netflix／Apple等股票在此書作為研究。

大吹健康風　運動用品醫藥股受惠

大眾一直在鼓勵健康的生活態度，愈來愈多人着重恆常的運動及均衡有益的飲食。就運動方面，中高價的運動用品不但有其品牌效益，而且很多時在設計上有驚喜，質料上亦令人滿意。瑜珈近年亦代表了健康的生活，在世界各地大為流行。有見及此，筆者在此書選了比較悠久的品牌Nike，以及新興的瑜珈服裝品牌Lululemon作為研究。

醫療方面，雖然大眾正在鼓勵健康的生活態度，但人類因為生活習慣、飲食及環境污染而面對更多的奇難雜症。領先的藥廠擁有巨額資金，卓越的研究能力，可以不斷研發新的藥物，甚至收購成功研發新藥物的小型藥廠，令生意長做長有。故此，筆者在此書選了輝瑞藥廠Pflizer作為此領域的研究。

1.5
美國股市面對的風險

2017年，筆者曾經有想過出版一本單純講解美股的書，最後沒有出版的原因，是當時出版社的計劃，是希望出版一本投資入門書給廣大讀者。但是，在自己的博客、Facebook專頁及講座分享，筆者一直有持續談及自己對個別美股的看法，不斷提及心水美股的倍升潛力，提過的Apple、Tesla、Facebook、Visa、Nvidia、Netflix、Google、Amazon在2017-2018年均有非常好的增幅。

投資者瘋狂追買科投股

但是，這些科技巨企兩年間的上漲，意味美股所累積的價格風險已愈來愈大。對成熟的投資者來說，這些股票如何優良已達到人所皆知的地步，所以無論是華爾街的基金經理及分析員，或是世界各地的業餘投資者都願意以瘋狂的溢價去追買以上的股票。

比較為誇張的實例包括尚未有盈利的Tesla以10倍的市帳率（P/B）作為市價買賣，即使Tesla日後能持續創造盈利，其市盈率（P/E）亦會高達50-100倍；此外，Amazon的市盈率曾經高達200倍（後面章節會為此作出詳細解釋）；Netfilx的市盈率曾經高達100倍，雖說傳統的估價方法對分析科技股不夠到位，但此等情形也未免太離譜。

價格拋離價值要小心

因此，即使這些公司的未來是一片光明，當股票在大幅遠離其本身價值的情況下交易，愈遲入場的投資者要承受的風險會愈來愈大。

即使日後這些企業的生意及盈利仍舊增長，但只要個別事件發生（例如政治事件），投資者的信心可能會因此有所下降，已經足以令股票市價大幅下跌。例如一隻市盈率100倍的股票的經營環境不變，盈利如預期交足功課，但因大市氣氛不良，調整幅度隨時達到50%-75%，並以市盈率25-50倍繼續買賣，公司運作可以完全不受影響，但投資者則要蒙受50%-75%的本金損失。

買入時機是關鍵

執筆時正值2018年10月，美股三大指數均在月內數個交易日進行大幅的調整，也有很強的反彈，單日的波幅達至3-5%不等。所以說，現在投資美股，也要了解其高溢價風險。

當然，我沒有水晶球，可以預測你買到這書的時候，市場正值牛市或是熊市，如果你看到此書時正值熊市底部，這書的價值才是最大。因為投資者可詳細對各企業了解及分析，然後付出最低的溢價買入心儀的企業股票，等待另一波的升浪。

謹記此書的內容不會隨市場的價格有所大變，個人的風險承受能力、買入時機才是關鍵的。

1.6
從十方面詳細分析個股

此書會分析十多隻股票，分析內容包括：個別股票的公司簡介、詳細的業務介紹、近三年的財務狀況及分析、業務風險及前景分析。最後，在每一個小章節末端，筆者都會分享一下個人投資或觀察個股的經驗，以及分享個股最新的情況及看法。

簡介

給予讀者了解公司的業務性質，列出公司的行政總裁、主要持有股東（機構投資者）。讀者可以多加留意行政總裁的行徑，尤其是科技公司，部分行政總裁的行徑十分高調，如Tesla的Elon Musk，他一舉手一投足、一句說話也足以影響股價的短期表現及投資者對企業的長期看法。

業務及產品

對有前景的美股進行基礎分析，必須要充份了解其業務性質及提供的產品服務，這樣才可以看清前景，並耐心地持有股份，如果不了解公司的業務，股價回調的時候，很容易會因為信心不足而沽出。筆者花了很多時間去整理每一個企業的業務及產品資訊，務求令讀者更容易在最小的文字數量內，了解每個企業的業務性質、優勢及護城河。

主要競爭對手

透過這個小節，讀者也可以了解企業主要對手的消息，有時候，甚至可以一併投資對手的股票。

業務地域

此書介紹的美股大多數都有全球性的業務。可是，個別股份受到政治考慮、文化背景、貿易保護主義等等所影響，未能在一些地區提供業務。這都會在個別企業的章節詳述。

財務狀況

對有前景的美股進行基礎分析，讀者也必須要充份了解其近年的財務狀況。筆者簡化了個別企業最近三年的財務報表，提供了營收、盈利、資產、負債、股東資金及現金流等重要資料，並加以分析，讓讀者了解每個企業的投資機會。

企業優勢

這小節道出個別企業的優勢，也是價值投資者常說的護城河。

企業前景

除了了解過去的表現，我們投資股票更要估計企業未來的前景。在這小節上，筆者會分析及預測每個企業的前景，讓讀者了解到所投資企業的前景及機遇。

經營風險

投資企業的其中的顯着風險是價格風險及經營風險。價格風險隨市場價格及環境不停浮動，所以這書不會詳述；經營風險則跟每間企業的業務性質、管理層作風、市場反應、政府法規、投資規模等等而有所不同，所以筆者會在每一企業多加細述。

如何分析

由於工業股、科技股、消費產品股的業務性質、風險及增長能力不盡相同，因此，我們不能夠用同一種分析或估值方法去分析不同的公司。在這小節，筆者會就每一隻股票的特性及當前情況解述如何分析。

東昇投資

這小節分享了筆者對每一隻個股的觀察、研究及投資經驗，給讀者多一個參考渠道。

Chapter 2

科技股：投資未來

2.1

Apple Inc. [AAPL]

高盈利 高現金流 創新不斷

Apple Inc.
Apple蘋果
AAPL

簡介

業務類別：電子消費產品／串流娛樂

行政總裁：Tim Cook

主要持有股東（機構）：Berkshire Hathaway（5%）

Apple Inc.（蘋果公司）（NSADAQ: AAPL），舊稱蘋果電腦公司，是總部設於美國加州的科技公司。公司於1976年成立，以往主要是從事設計、開發及銷售個人電腦。踏入公元2000年後，Apple Inc.的業務方向開始了前所未有的變化，業務除了本身的個人電腦業務外，亦轉向消費電子領域。消費電子領域產品包括當時流行的MP3音樂播

放器iPod，以及於2007年1月發布的智能手機第一代iPhone。

時至今日，Apple Inc.已在24個國家擁有超過500間零售商店。2018年8月，Apple Inc.的市值突破了一萬億美元。Apple Inc.現時的業務包括設計、開發和銷售智能手機、個人電腦、電子消費產品、智能手錶、電腦軟體、在線服務、媒體服務等等。

股價圖

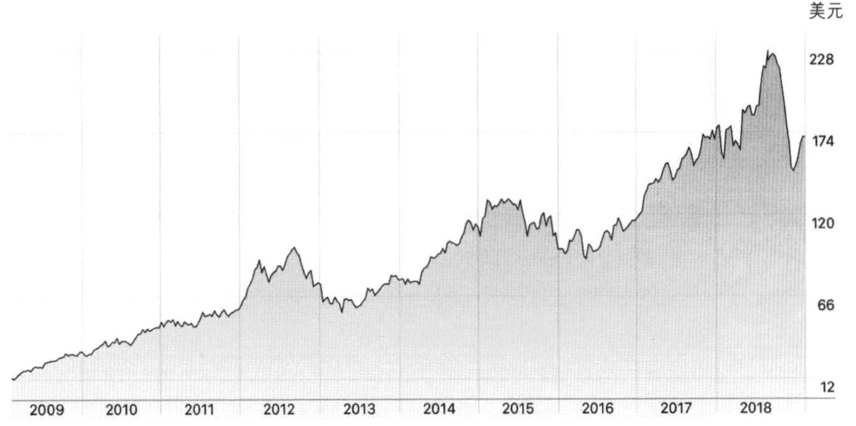

業務及產品

要了解及分析Apple Inc.的主要收入來源及財務狀況，必須先了解其最新的主要業務及產品。智能手機iPhone系列的業務仍然是Apple Inc.主要收入來源。據Apple Inc. 2018年第三季季度業績披露，iPhone系列的銷售按季達到299億美元，佔總入的56%之高。

其次的個人電腦業務包括設計、開發及銷售產品，如設計前衛的一體化個人電腦iMac、極為簡潔及輕巧的手提電腦MacBook，以及有不同尺寸選擇的平板電腦iPad。

此外，Apple Inc.部分的收入來自其統稱Service（服務）的業務，包括數碼內容及服務（如電影、圖書、音樂等等）、雲端儲存服務iCloud、售後保養服務AppleCare（可以達到售出的產品價值一成或以上）、與iPhone硬件綁定的電子支付服務Apple Pay、App Store收取其他軟件供應商的費用。另外，企業亦會跟其他生產商收取合作生產周邊產品的費用（License Fee），舉例說，如果有一家生產商想生產一條Apple Inc.認證的充電電源線，生產商需要給予Apple Inc.費用。

Apple Inc.還有其他產品如無線耳機AirPods、家庭視訊娛樂器材Apple TV、除勞力士以外最多人擁有的手錶Apple Watch、已收購的音訊產品Beats以及其他林林總總的自家周邊產品，及跟其他公司合作的產品等等。

圖表2.11　Apple 2018年第4季季度業績披露的業務收入分布

業務	銷量（件）	收入（美元／百萬）
手機 iPhone	46,889,000	$37,185
平板 iPad	9,699,000	$4,089
電腦 Mac	5,299,000	$7,411
服務 Services	-	$9,981
其他 Other Products	-	$4,234
總數	-	$62,900

資料來源：Apple Inc.投資者關係網頁

主要競爭對手

Apple Inc.不同的產品分類有不同的主要競爭對手如下：

智能手機：三星、華為、Oppo、小米

Mac：HP／Dell／Lenovo／Asus及個人組裝電腦

Service：Google／三星／Spotify

業務地域

在分析美股、尤其是國際企業時，了解其業務及產品的地域滲透相當重要。以全球市場來說，絕大部分的已發展及發展中國家仍有機會購買到或使用到Apple Inc.的產品，但要注意的是，Apple Inc.的產品在中亞細亞、印度、中東、非洲等地域滲透仍然很低。這現象在投資上可看成好消息或壞消息。好消息方面，未滲透的市場仍可以靠管理層的努力打入；壞消息則是以現時的情況來看，在文化差異、競爭、政策及消費能力上，打入這些地域仍十分困難。

圖 2.12　Apple 2018 年第 4 季季度業績披露的地域收入分布

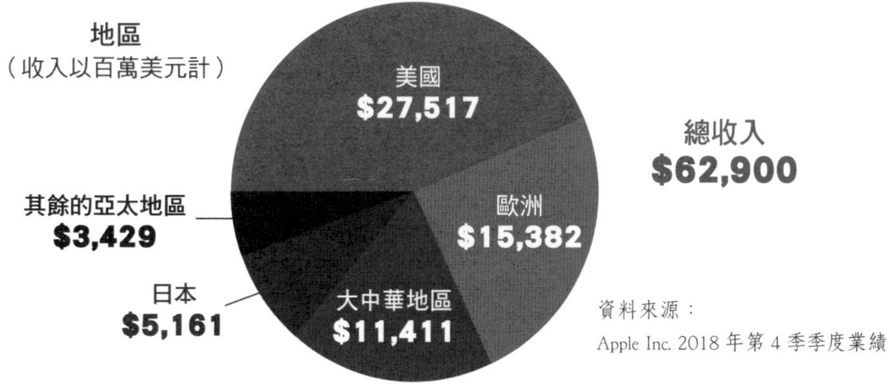

資料來源：
Apple Inc. 2018 年第 4 季季度業績

財務狀況

圖表2.13 Apple Inc. 2015-2017重要財務資料（單位：十億美元）

	2015	2016	2017
損益表			
營業額	233.72	215.64	229.23
經營利潤	71.23	60.02	61.34
經營利潤率(%)	30.48	27.84	26.76
純利	53.39	45.69	48.35
每股盈利(美元)	9.22	8.31	9.21
資產負債表			
總資產	290.48	321.69	375.32
總負債	171.12	193.44	241.27
股東權益	119.36	128.25	134.05
現金流量報表			
經營活動現金流	81.27	65.82	63.60
資本支出	11.49	13.55	12.80
自由現金流	69.78	52.28	50.80

資料來源：AppleInc. 2015-2017 年度報告

從上表可看，Apple的強勢在於其極高的營業額以及高於同業的經營利潤率。平均經營利潤率達到25%以上，令Apple在其忠實客戶擁護下，每年均可以有不錯的盈利及經營活動現金流。

龐大的經營活動現金流，令Apple有足夠的財力繼續研發、應付開支或收購有潛質的公司，是其主要產品能領先同行的主要原因。

雖然營業額近年持平或出現微跌，但在手機市場接近飽和的情況下仍可以維持到營業額及利潤，已是難得。

高盈利及自由現金流令Apple的管理層有空間去審視其派息政策，藉以吸引投資者。

企業優勢

領先設計能力：Apple一直在智能手機的設計上有領先地位。雖然很多科技上的應用，Apple並不是始作俑者，但每當科技應用，如指紋辨識、雙鏡頭營造景深效果、面容辨識等等，新功能應用在iPhone

時，每次都會引起其他廠商爭相參考。展望未來，iPhone的領先設計能力仍能為客戶帶來一定驚喜，從而引起更換iPhone的需求。

品牌效益：論功能或價格，Apple的電腦及手機或未算最吸引，但其手機一直在高端的市場有很穩固的地位。歸根究底，這都是Apple長年建立良好的品牌效益，令消費者願意使用Apple的產品並且感到自豪。

顧客忠誠度有利軟件服務：由於有上述的品牌效益及Apple自身獨特的生態圈，所以Apple一直有很強的顧客忠誠度。使用Apple的電腦及手機會使用到Mac及iOS的系統。消費者一旦習慣了，便很難去轉用其他的系統。這種習慣性及顧客忠誠度，對Apple現時的服務十分有利，如Apple Music／Apple Pay就受惠於這種忠誠度。配合營銷策略，Apple很容易便可以在他們的硬件上推出「先免費、後收費」的服務，這樣對Apple的Service發展長遠有很大的助力。

企業前景

雖然說全球智能手機的市場已接近飽和，但蘋果公司仍能在這市場分享一個很大的份額，而且營業額十分穩定，為公司提供源源不絕的利潤及現金流。

蘋果公司可以利用這些現金流，大力投放資源進行研發及資本投資，以進一步改善企業未來的產品及科技上的突破及創新，研發更多新的產品，並可以跟他的主要業務——智能手機產生協同效應。

現時的Apple Music便是跟智能手機產生協同效應的好例子，透過iPhone可以捆綁Apple Music的使用，Apple未來的業務有望帶來更好的現金流及盈利前景。

此外，Apple還可以利用其資本優勢，發展出更多關於服務的產品。

我們亦能察覺到Apple最近很銳意把健康軟件的產品加入iPhone的設計，其背後想法是希望日後用戶都能夠把iPhone成為一個個人健康護理的監測器。所以配合Apple Watch等產品，iPhone可以記錄每天行走步數、心跳等等，甚至日後的科技發展下，更可以以相片記錄每一餐的營養攝取量等等資料。通過這個服務，不但可讓用戶了解自己的健康狀況，令蘋果的產品變成很有依賴性，公司亦可以獲取這方面的大數據資料，從而分析大眾的健康狀況。

此外，蘋果的資本讓公司可以投資很多創新公司，為日後人工智能，自動駕駛，雲端服務等兵家必爭之地，建立一個很好的基礎。

經營風險

全球經濟狀況：Apple大部分的產品是消費品，部分產品更加是高級奢侈消費品。所以如果全球經濟狀況變差，一定會直接影響Apple產品的銷量，從而影響Apple的營收及盈利。

智能手機市場接近飽和：在2016年開始，Apple最大的收入產品iPhone的付運量已到達頂點，而且連續兩年呈現一個下降的趨勢。由於智能電話的生產量已接近飽和，所以要在智能電話市場，再進一步爭取盈利增長是一件十分困難的事。

競爭對手的價格策略：Apple大部分的競爭對手都是以低價作為競爭策略，尤其中國一眾的手機生產商，他們有能力設計出功能接近、甚至比Apple更先進的手機，但價格方面卻比Apple低數十個百分比，甚至一半以上。所以消費者在有價格競爭的情況下，未必長期會以Apple產品為首選。

產品的重疊化：近年，新推出的iPhone螢幕尺寸變得一年比一年大，若然手機尺寸繼續變大，智能手機產品就會進一步威脅Apple本身的iPad產品。而在大家推崇方便輕巧電腦的同時，iPad亦能夠跟Apple自身的手提電腦競爭，所以產品的重疊或會限制公司的總營收。

存貨控制：以iPhone為例，Apple每年都會設計出一款新的iPhone，而舊的iPhone便將會變成存貨問題。通常Apple會減價發售舊款的iPhone、亦會以較便宜價格在第三世界國家發售，這樣情況會影響產品的毛利率。因此，高存貨及退貨政策亦會成為Apple的一項風險。

對供應商的依賴：Apple旗下的iPhone及其他電子產品，大部分的部件供應商都不在美國本土之內，只有設計的工序留在美國本土之內。由於大部分產品部件都是在外國、甚至在中國生產，如果供應商在價格、物流、供應鏈上有任何問題，會直接影響Apple的生產進度從而影響毛利。在中美貿易戰的情況下，此項風險更為顯着。

如何分析

分析Apple的方法應有別於分析其他高增長股。近年Apple已未能增長，但其自由現金流強勁，開支有限，所以賺到的現金最終會成為資產負債表上的資產，令股東權益愈來愈大。很多傳統價值投資者會追蹤股東權益來買入股票，最終帶動股價上升，因此投資Apple時應多留意其總資產及股東權益（即每股資產淨值）的增長。留意每季季績後其P/B比率的變化，從而跟這公司繼續共同成長。

另一方面，作為長線投資者亦應留意以下兩大業務的變化：

1. 智能手機的盈利，能否持平抑或有重大的倒退；

2. 服務能否帶來增長動力。

至於喜歡收息的投資者，可以考慮買入此股收取些微的股息，並觀察其日後會否因應其龐大盈利及自由現金流而增加派息。如此股能提供2%-3%的股息率並同時具有增長潛力，便十分吸引。

Apple的股價經常受大市不同的走勢及市場上的各種消息影響，如果這些資訊都是不太影響基礎業務的話，筆者個人認為短線的回調會是吸納的好時機。

★★ 東昇投資 ★★

Apple是筆者第二隻投資的美股。早在2006年，筆者因為預計當時Apple推出的智能手機能夠大幅侵佔當年的手機市場，於是便不停收集Apple股票。考慮到日後Apple股票1股拆為7股，當時的買入價經調整後大約是每股17-18美元。我持有Apple股票至2010年，因為個人的資金需要，才萬般不願意把Apple股票以50美元放售，而我的家人卻一直持有Apple股票到現在。當時iPhone仍是第四代，現在我仍然相信iPhone能夠進一步擴大市場佔有率。

最近一次買入Apple，則在2016年英國脫歐公投當天。當天結果是英國將會脫離歐盟，消息一出，全球股市跟隨急跌，英磅及歐羅都急跌。Apple的股票當時跌到大約92美元，我粗略估算過英磅急跌一成對Apple的影響少於2%，而脫歐本身不會影響Apple業務，因此，我在92美元買入Apple。及後，Apple升了一些之後，我就把資金轉到其他美股了，執筆時，Apple的股價已在200美元以上。

不再持有的原因，是我傾向把資金投入更多更進取的美股，當然同時亦面對更大的風險。但對於平衡型投資者，Apple仍然可以是倉內重要的一員。

2.2 Amazon [AMZN] 從電子商貿轉型至雲端服務

Amazon Inc.
Amazon亞馬遜
AMZN

簡介

業務類別：電子商貿／電子消費品／雲端服務

行政總裁：Jeff Bezos

主要持有股東（機構）：Vanguard（6%）

亞馬遜公司於1994年成立，是全球最大的互聯網零售商。亞馬遜最初只是一家電子書店，後來提供了音樂、視頻、有聲書籍、軟件、遊戲、電子消費品、家品、玩具等物品售賣。近年，亞馬遜投資到其他領域如出版社、電影工作室、自家電子消費品生產線。其後，亞馬遜更發展雲端服務Amazon Web Service（AWS），成為全球大型的雲端服務基礎設施供應服務商。2018年，亞馬遜的市值曾經突破1萬億美元，僅次於蘋果。

股價圖

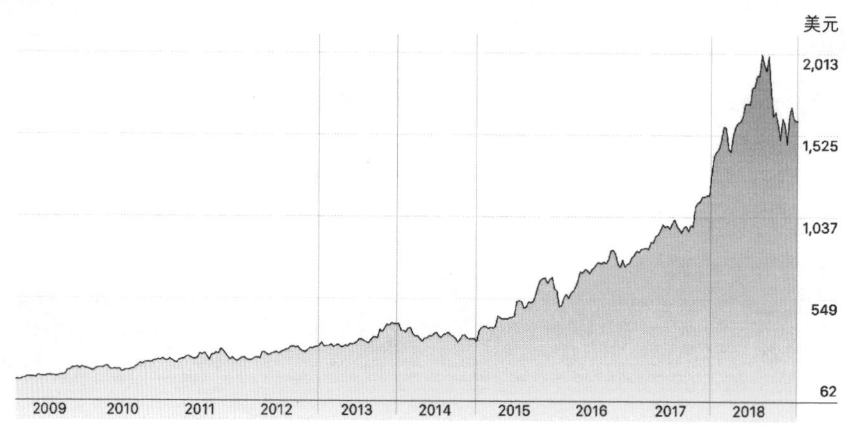

業務及產品

亞馬遜最初只是一家電子書店，前期發展的業務也只是電子商貿。亞馬遜提供一個很好的電子商貿平台給用戶及買家交易貨品，亞馬遜從中收取一些費用。

亞馬遜亦有在其他電商平台推出其自家產品，這些自家產品都是透過收購或與其他公司合作而產生的，例如旗下出售綠色家居商品的Vine品牌，便是由2010年收購的Quidsi公司所擁有，另外，亞馬遜亦有出售嬰兒用品的品牌Diapers，及出售寵物用品品牌Wag。

此外，亞馬遜有自家品牌的電子書硬件Kindle。Kindle的成功，令亞馬遜也開始生產其他電子產品，包括手機、平板電腦、智能家居用品，這些電子用品都歸納於亞馬遜品牌Amazon Fire。

近年，亞馬遜亦開始積極從電商平台賺到的錢，發展到雲端服務AWS。AWS雲端服務能夠為很多中小企及企業提供資訊科技（IT）的服務，其賣點是在於使用AWS的雲端儲存、計算及軟件服務，讓公司節省很多IT成本。

除此之外，亞馬遜現在亦積極收購及發展音樂、電影、視頻等等的業務，代表性的收購有網路電影資料庫IMDB及遊戲串流網站Twitch.tv。亞馬遜最近亦提供會員制度Amazon Prime，會員可以得到無限的物流服務及影視服務。

主要競爭對手

電子商貿：ebay

大額電子商貿：阿里巴巴（Alibaba）

中國電子商貿：淘寶網（阿里巴巴集團旗下）

電子消費品：Apple、Samsung及一眾生產商

雲端服務：Microsoft、Google及Nvidia

業務地域

大部分的國家均可以使用到Amazon的電商服務，但不是所有商家都願意把貨品運送到不同的地區。而AWS雲端服務則仍在積極擴展中，美國、部分西歐國家、瑞典、巴西、南非、印度、中國、南韓、日本、香港、新加坡、澳洲均可以使用AWS雲端服務。

財務狀況

圖表2.21　Amazon2015-2017重要財務資料（單位：十億美元）

	2015	2016	2017
損益表			
營業額	107.01	135.99	177.87
經營利潤	2.23	4.19	4.11
經營利潤率(%)	2.09	3.08	2.31
純利	0.60	2.37	3.03
每股盈利(美元)	1.25	4.90	6.15
資產負債表			
總資產	65.44	83.4	131.3
總負債	52.06	64.12	103.6
股東權益	13.38	19.29	27.71
現金流量報表			
經營活動現金流	11.92	16.43	18.43
資本支出	4.58	6.73	11.96
自由現金流	7.33	9.70	6.48

資料來源：Amazon 2015-2017 年度報告

近三年來，Amazon的營業額增加了近70%，其中AWS的營業額由2015年到2017年分別為79億美元、122億美元及175億美元（上表未有提及），佔總營業額的7.4%、9.0%及9.8%。從走勢看來，Amazon的營業額有所增加，原因是正受惠於愈來愈多的電子商貿活動及愈來愈重要的AWS服務。

讀者可能會發現Amazon的經營利潤率很低，只有2-3%。這種情況跟Tesla有所相似。以2017年數據為例，其總收入為1,778.7億美元，而銷售的成本為1,119.3億美元，扣除成本後，其毛利有659億美元，毛利率仍高達37%。但是，由於Amazon需要投資未來的主力服務AWS，當中有很多賺取的費用會用作於未來的投資。以2017年毛利659億美元為例，有226億美元會用作AWS的投資，並以支出在損益表上表示出來。扣除其他行政成本後，高達37%的毛利率最終會變成2.3%的經營利潤率。

每股盈利則只有6.15美元，以2017年曾創下每股股價1,000美元為例，當時的市盈率會達到162倍，但股票仍然受到大小投資者所追捧，2018年已曾創下每股股價2,000美元。雖然當中仍有泡沫成分，但拆開損益表作為部分分析，會了解到Amazon是如何重視AWS服務的未來發展，也就是企業的局部轉型中。

由於部分的研發及資本開支最終會轉化為企業資產，所以從上表可以看到，總資產或股東權益都在三年內翻了一倍。

如第一章所述，如果只以市盈率選股，就不能夠找出這一家企業，亦不能夠了解箇中的資金來去。

企業優勢

龐大的營業額：Amazon的優勢在於其成熟發展的電子商貿網絡。憑藉眾多商品及會員，其商貿營業額仍在節節上升當中。

電子商貿的毛利率仍接近40%，十分有利可圖。龐大的營業額從而賺取的龐大毛利提供大量的經營活動現金流（以2017年為例，經營活動現金流為184億美元，折合1,435億港元）。有了資金之後，企業便可以因應發展計劃及全球的大方向，及早投資未來的產業。

早着科技先機：Amazon利用全球寬頻網絡增速的機會，早着科技先機建立及投放資源到AWS業務上。Amazon本身不是硬件公司、亦不是軟件設計公司，發展雲端計算、儲存等服務的步伐卻跟得上傳統的

軟件／硬件公司，令到公司的收入更加持續及降低了業務單一性的風險。

企業前景

電子商貿：電子商貿在全世界仍有很大的發展潛力。很多貨品、日用品仍是以傳統的批發、零售交易方式進行中。隨着電子商貿愈來愈普及，Amazon在這方面的營收仍然會有增長。除此之外，Amazon正在開發無人當值的實體店，如果成功，亦可以是一大商機。

雲端服務：Amazon早着先機，利用到電子商貿所賺到的錢，大量投資雲端服務。由於服務可以為不同大小的企業節省開支，因此雲端將會是大勢所趨。Amazon在AWS業務的投資，前景比電子商貿可能還要大。

經營風險

一般投資者會在市況不佳之時，先沽出極高市盈率的股份，市盈率極高的Amazon此時可能會飽受沽壓。所以投資Amazon的時機亦應留意大市的氣氛：如果牛市即將完結，或者熊市已經來臨了（執筆時正是這樣環境氣氛，Amazon股價經常出現單日大幅上落波動），便要慎重考慮投資的時機。

如何分析

由於Amazon將大部分盈利再投資到AWS業務及其他發展業務，因此Amazon的每股盈利很低，做成很高及不合理的市盈率（如超過100倍）。投資者應放棄以市盈率作為指標，反而多加留意季度業績，監察AWS業務的盈利貢獻及增長，找出投資機會。

★★ 東昇投資 ★★

筆者本身持有Google（Alphabet）的股票。2017年時，Alphabet跟Amazon的股價差不多在同一時間升破1,000美元。當時持有Alphabet的我審視過Alphabet的前景，以及在筆者的研究隊伍的建議下，與Amazon一併比較。結論是Amazon的生意模式比Alphabet進取，潛力亦比較大（當然溢價高，價格風險亦更高）。當時正值美股大牛市，因此筆者沽出部分Alphabet買入Amazon一併持有。

兩股其後都給予筆者不錯的回報。

2.3

Google [GOOG]

大型廣告商
進駐人工智能領域

Google
Alphabet Inc.(Class C)
Google谷歌
GOOG

簡介

業務類別：電子廣告／電子服務／雲端服務／電子消費品

行政總裁：Pichai Sundararajan

主要持有股東（機構）：Vanguard（6.22%）

Google為Alphabet Inc.的子公司，是一間大型巨型科技企業，主要提供網絡搜尋、網上廣告、雲端服務電子產品。Google於1998年創立，並於2004年於Nasdaq交易所上市。多年來透過收購、合作及自身開發，Google現在已為用戶提供大量的免費軟件。Google現時的主要收入仍是廣告收益。

股價圖

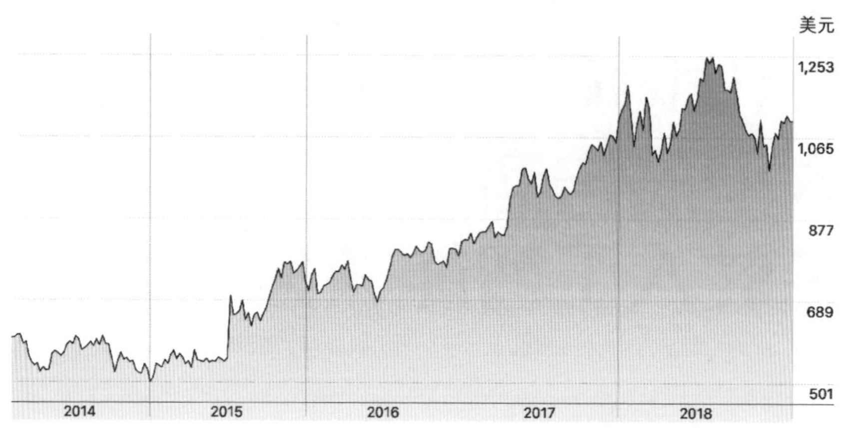

業務及產品

Google現時的主要業務是透過提供產品給用戶，從而間接收取廣告費用。其主要產品如下：

搜索引擎 www.google.com：商戶可以透過廣告而增加搜索曝光率。

Gmail：電子郵件服務，內有廣告訊息。

Google Maps：經營在地商家可以在Google地圖上刊登廣告，並顯示商家所在地點，從而吸引用戶的造訪。

Youtube：商戶可以落廣告，在不同的免費影片出現。

Blogspot：透過博客刊登廣告。

Google亦有一系列的服務沒有廣告元素，如雲端服務Google Drive、Google Assistant、Google Translate、Google Play等等。

Google主要的商業模式是利用一系列免費軟件吸引用戶，讓用戶愛上其產品，並形成使用習慣。有了龐大的用戶基礎後，公司可以以廣告作為收入，或以大數據分析來設計出日後收費的服務及產品。

主要競爭對手

搜索引擎業務：Yahoo及Microsoft的Bing

電子郵件業務：Hotmail

總體網絡廣告服務：Facebook

雲端業務：Amazon及Microsoft

業務地域

Google的服務在全球大部分地區都可以使用，但其搜尋器服務則在2010年退出中國。

財務狀況

圖表2.31 Google 2015-2017重要財務資料（單位：十億美元）

	2015	2016	2017
損益表			
營業額	74.99	90.27	110.86
經營利潤	19.36	23.72	28.88
經營利潤率(%)	25.82	26.27	26.05
純利	15.83	19.48	12.66
每股盈利(美元)	22.84	27.85	18.00
資產負債表			
總資產	147.46	167.49	197.29
總負債	27.13	28.46	44.79
股東權益	120.33	139.04	152.50
現金流量報表			
經營活動現金流	26.57	36.04	37.09
資本支出	10.19	11.20	13.47
自由現金流	16.39	24.84	23.62

資料來源：Google 2015-2017 年度報告

過去三年，Google的營業額不斷持續上升，而且經營利潤率也持平，對其持續上升中的股價有一定的支持。總資產及股東權益受惠於龐大的經營活動現金流及自由現金流而得以增加，令到Google的市帳率得以平穩下來。

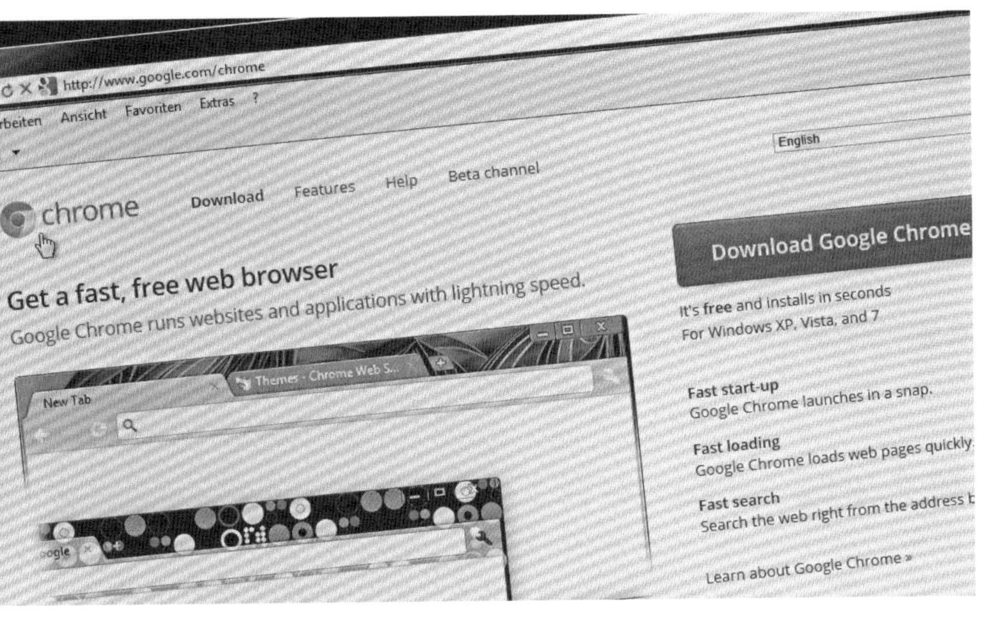

企業優勢

極大用戶數量：由於Google能夠不斷創新及提供不同的免費軟件服務，能夠吸引極大用戶數量。大用戶數量將會有兩大好處：(1) 提供了很大的智能廣告需求，從而轉化為收入；(2) 拿到大數據，可以容易地在未來提供高質素的免費及收費服務。

大量現金：跟Facebook一樣，Google的廣告業務屬於低成本、高收入的一類。多年的廣告業務為Google帶來大量現金及盈利，他們不用擔心財政壓力，亦有龐大的力量對有興趣的公司進行收購。

企業前景

YouTube用戶使用時間有增長：年輕一代花在YouTube的時間比花在傳統的電視還多。Google憑藉早年收購的YouTube而推出智能廣告，仍然有龐大的增長空間，去蠶食傳統廣告的盈利。

發展雲端服務：跟Amazon一樣，Google亦有把賺到的錢投資在雲端服務，為未來增加多一項收入，減低業務過於單一的風險。

經營風險

業務單一化：Google主要的收入仍然靠廣告為主，業務過於單一化的企業，收入會比較容易受科技轉變，以及用戶可接受性而影響。

私隱問題：Google用戶的私隱問題一直受人非議。由於Google軟件會大量取得用戶使用互聯網的習慣、GPS位置、購物喜好、嗜好等，這些做法如果處理不當，容易引發爭議、甚至官司；在歐洲，Google曾多次因為私穩問題而受到監管機構調查及罰款。

如何分析

廣告收入比例下降：Google的增長勢頭到此一刻仍是無庸置疑的。要分析Google業績，應多留意Google的廣告收入佔總收入比例。2016年到2018年比例為：89%／86%／85%。由此可見，廣告收入佔總收入的比例處於下降勢頭，可見Google正努力利用資金優勢發展前述的其他業務，減低業務單一化的風險。讀者應多留意廣告收入佔比的下降是否得以持續。倘若不能持續去單一化，投資者就必須深入閱讀財報表作深入了解。

增長勢頭：筆者認為智能電子廣告與傳統廣告的戰爭只是剛剛開始，傳統廣告市場仍然有巨大的空間，可以讓智能電子廣告蠶食。這類公司的好處是每一季發放業績時會公布大量有用數據，長線投資者應多加留意數據，如發現增長持平、甚至乎走下坡，應作為一個警惕，進行更全面的分析。如果增長得以持續，則以摸石過河的方式，繼續持有及加注這些股票。

★ ★ 東昇投資 ★ ★

筆者一直看好Google（Alphabet）的前景，2016年已開始持有其股票，當時買入價只是700多美元。2017年，當Alphabet跟Amazon的股價差不多在同一時間升破1,000美元時，筆者把部分Alphabet股票獲利，轉而買入Amazon。

兩股其後都給予筆者不錯的回報。執筆時，Alphabet已報1,200美元以上。

2.4 Facebook [FB] 掌握用戶大數據

facebook	Facebook Inc. Facebook FB

簡介

業務類別：社交網絡／數碼廣告

行政總裁：Mark Zuckerberg

主要持有股東（機構）：Vanguard（7.4%）

Facebook是起源於2004年的社交網絡媒體網站，原名為thefacebook。Facebook是在2004年2月由哈佛大學學生Mark Zuckerberg及其室友們所共同創立的。最初Facebook只流行於大學生之間，但很快開放給13歲以上的人使用，然後Facebook很快在美國及世界各地流行起來，並形成了一種潮流。很多已發展的國家的成年人均最少有一個Facebook的戶口。

到了2012年，Facebook的活躍用戶已超過十億。在Facebook的發展期間，很多創投基金、投資者都看準了Facebook的潛在商機，不斷投入資金支持Facebook的發展。2012年5月，Facebook上市，每股定價為38美元，其IPO集資達1,040億美元，為史上最高紀錄，至今仍未有上市公司打破。同時間，Facebook開始加入廣告元素，並於2014年收購另一流行通訊軟件公司WhatsApp。自廣告服務投入後，Facebook不斷有盈利，而且經常出現增長。

股價圖

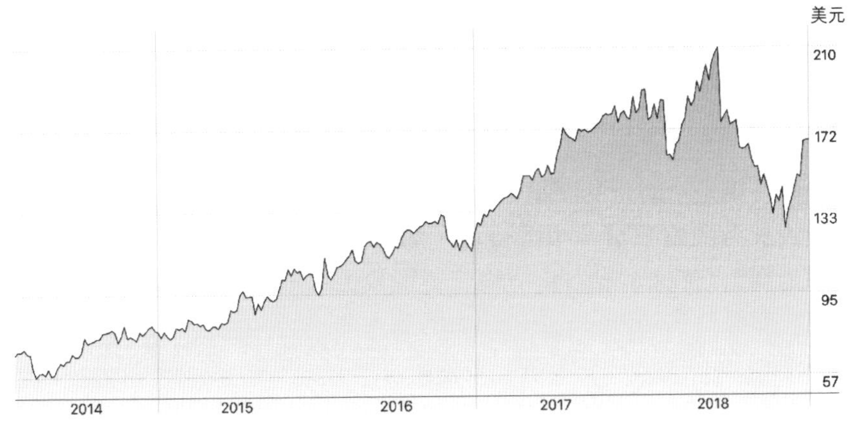

業務及產品

相信大家都會很熟悉Facebook這個社交網絡軟件，但在證券分析的範疇，最低限度要知道Facebook是如何產生盈利的。

Facebook最能夠產生盈利的業務是線上廣告，這種廣告有別於我們傳統上對廣告的理解。目前為止，Facebook的每日活躍用戶大概是15億（截至2018年末），而每月活躍用戶大概是23億（截至2018年末），即全球有1/3人口會每月最少使用Facebook一次。線上廣告依賴Facebook這個龐大用戶網絡，在了解用戶的性別、年齡層、地域、喜好、上Facebook的時間等取向後，按照客戶要求，向不同對象發出針對性廣告。

舉例說，如果某個用戶最近家裡添了一個嬰兒，Facebook「知道」後，就會盡量向該用戶發出關於嬰兒用品的廣告；例如一個用戶的興趣是汽車，Facebook也能夠因應他的興趣，發出針對性的汽車廣告。

而這些廣告則會在用戶的使用介面中，以贊助式故事的形式（Sponsored Story）推送廣告。

另一個特點是落廣告的門檻不高，基本上任何人都可以做Facebook廣告。因此各地區有很多小型公司、個體戶、甚至如我作為一個作者及博客，都能夠在Facebook下廣告，豐儉由人，但這些積少成多的小廣告客戶亦能為Facebook帶來龐大的收入。

主要競爭對手

Facebook不同的業務分類，有不同的主要競爭對手：

廣告：Google／Amazon／微信

軟件：Twitter／Snapchat／Line／微信

業務地域

比起其他地區，Facebook在美國及加拿大地區的盈利能力十分高，其次在歐洲區及亞太區也有不錯的生意，再接下就是非洲地區。

暫時來看，由於政治及宗教的考慮，在中國及個別中東國家不能夠自由使用Facebook。個人認為，不論Facebook的管理層如何努力，在可見的將來，Facebook能在中國使用的機會也很低。

財務狀況

圖表2.41　Facebook 2015-2017重要財務資料（單位：十億美元）

	2015	2016	2017
損益表			
營業額	17.93	27.64	40.65
經營利潤	6.23	12.43	20.20
經營利潤率(%)	34.72	44.96	49.70
純利	3.67	10.19	15.92
每股盈利(美元)	1.29	3.49	5.39
資產負債表			
總資產	49.41	64.96	84.52
總負債	5.20	5.77	10.18
股東權益	44.22	59.19	74.35
現金流量報表			
經營活動現金流	8.60	16.11	24.22
資本支出	2.52	4.49	6.73
自由現金流	6.08	11.61	17.48

資料來源：Facebook 2015-2017年度報告

Facebook近三年的營業額急速上升，主要是受惠於其每月活躍用戶(Monthly Active User, MAU)不斷增長，而且繼續呈增長的勢頭，到目前為止，Facebook的MAU已超過12億人。

Facebook只要把其商業模式，即智慧型針對式廣告，放到增長的每月活躍用戶，營收已經可以有所增長。此外，在美加以外的地區，落廣告的情況仍然不算普遍，這樣提供了Facebook一定的增長空間，以增加每位用戶收入（Average Revenue per User, ARPU），所以Facebook的經營利潤率由2015年的34.7%大增至2017年的49.7%。

每股盈利的增長速度比股價升幅還要快，因此市盈率正在下降中，投資價格風險亦正在下降中。由於Facebook屬輕資產、高利潤的業務，所以其股東權益及資產都隨着正數的經營活動現金流而有所增加。龐大的自由現金流令到Facebook有很多現金，為日後的業務開發及收購對手的行動做足準備。

企業優勢

眾多用戶：Facebook擁有全球最大的單一軟件用戶量。只要Facebook能夠善用這個巨大的用戶量（Giant Mass），當Facebook推出新的功能或商業模式，很容易就得到全球用戶的體驗，根本不需要作任何推廣。

掌握大數據：Facebook除了掌握了最大的用戶量之外，還掌握了用戶的各種數據，包括了年齡、性別、工作地點、居住地區、旅遊習慣、個人喜好、興趣等。在全球配合人工智能分析大數據的潮流下，Facebook掌握的大數據只要運用得宜，便可轉化成為收入。

現金收購對手：Facebook坐擁極多現金，業務卻不需要動用大量現金來維持或開發。因此，Facebook隨時可以用現金收購對手，變成自己的產品，這種獨有優勢在商業世界是十分罕見的。

企業前景

一般來說，社交軟件都有其生命周期，由以往的ICQ及MSN軟件可以看到，最歡迎的生命周期往往都不多於10年。用戶從最初不認識這些社交軟件，到之後大部分人喜愛後，軟件一般會引入商業元素，此時用戶對這些社交軟件的反感度隨之會增加。久而久之，這些軟件的使用率會漸漸下降。

Facebook的管理層當然亦明白這個道理，亦不坐以待斃。Facebook每次見到對手變成逐漸受歡迎，便利用龐大的現金進行收購。

Instagram就是一例，用天價把Instagram收為己用，藉此去除對手的威脅。Facebook也曾想用同一方法對待競爭對手Snapchat，只是收購最後遭Snapchat所反對。

前景方面，我相信Facebook還有一段路可以走，始終Facebook的滲透率還未到達頂點，而且在亞太地區以及非洲地區，每位客戶的收入還不算高（Average Revenue per User, ARPU），考慮到這些潛在收入，Facebook的業務或應該可以有一些增長。

此外，我也相信Facebook管理層的執行能力，他們藉着Facebook龐大的現金流，可以藉此創新及收購，從而鞏固Facebook未來的盈利。例如，Facebook投放不少資金到人工智能的研究，相信在這範疇未來亦能夠得到一些利益。

最後，在講求大數據的年代，Facebook其實是一間全球最大的大數據（Big Data）公司，企業已擁有大部份用戶的行為數據，這些數據如果運用得宜可以變成一種十分賺錢的商業模式。

圖表2.42　Facebook的每月活躍用戶走勢

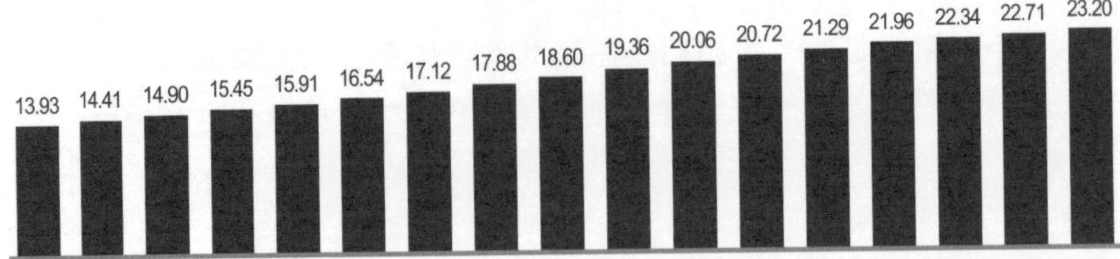

經營風險

Facebook其中的一個最大的風險是地區政治風險。只要有地區政府認為Facebook是對人民不利、或者對政府的政權不利，他們就可以透過行政手段禁止Facebook的使用，在中國大陸及一些中東國家，Facebook就已經不能在該地進行業務。投資者不能夠預計哪些國家可以使用Facebook，形成了一定的營運風險。

如上文所述，社交軟件的受歡迎程度會隨着時間減弱，尤其是Facebook現在加入了不少商業元素，已經有用戶覺得Facebook變成一種生意推廣機器及新聞閱讀機器，所以如果Facebook不好好重視用戶的體驗，終有一日Facebook的用戶增長會達到頂點，用戶數目甚至會減少。用戶的減少會引致盈利減少，Facebook的盈利增長能力亦會告吹。對於投資者來說，Facebook的盈利增長能力一直是其吸引之處，如果盈利不能夠增長，現在的估值或會太高，令Facebook的股價有下行的風險。

如何分析

分析Facebook應該要每季留意其MAU的增長勢頭。如果MAU增長開始放緩或倒退，投資者應重新審視當時的市盈率（P/E）是否過高。因為一門失去增長的業務，並不值得配上一個高的市盈率（如20倍以上）。

此外，投資者亦應多加留意其經營利潤率的變化。如果其經營利潤率仍在增加，這即表示Facebook的ARPU有機會在增加中，亦表示了Facebook的經營模式在不同的地區仍有發展空間。

如果Facebook因股價急速上升，而盈利未能夠追上來，投資者則應把其預測市盈率（Forward PE）與歷史數據進行比較，看看會否過高。因為過高的PE令Facebook有很大的價格風險，正如前述Facebook的經營風險也比較多及嚴重，稍有壞消息便可能觸發龐大的沽售壓力。

★★ 東昇投資 ★★

筆者曾經錯過了Facebook剛剛上市的買入機會，一拖再拖至90美元才開始收集，亦曾在110美元以下加大倉位。此股一直表現很好，在每次的季度業績，數據都有所增長，股價亦拾級而上。但到了2018年，此股受到一些關於個人私隱問題所影響，再加上我自身亦擔心其可持續性，於是在160美元把此股清倉，平均回報率高達70%，已很滿意。此股仍在我密切觀察範圍當中，假若此股能夠運用其大數據能力推出一些新的商業模式（Business Model），我會再次考慮買入此股。

2.5

Netflix [NFLX]
將會擁有兩億會員 機遇無限

NETFLIX

Netflix
Netflix 奈飛／網飛
NFLX

簡介

業務類別：串流影視

行政總裁：Reed Hastings

主要持有股東（機構）：Vanguard Group（6.9%）

NETFLIX是一間為國際提供串流影視服務的公司，亦有提供DVD郵寄出租服務。NETFLIX於1997年成立，到了2008年為了增加對客人的吸引力，大部分的光碟服務訂閱者可以免費使用串流服務。2011年NETFLIX開始提供原創內容，推出第一部作品《紙牌屋》，大受歡迎，亦令NETFLIX投資更多在原創內容。時至今天，NETFLIX已有超過1億個會員，並向2億個會員目標進發。

股價圖

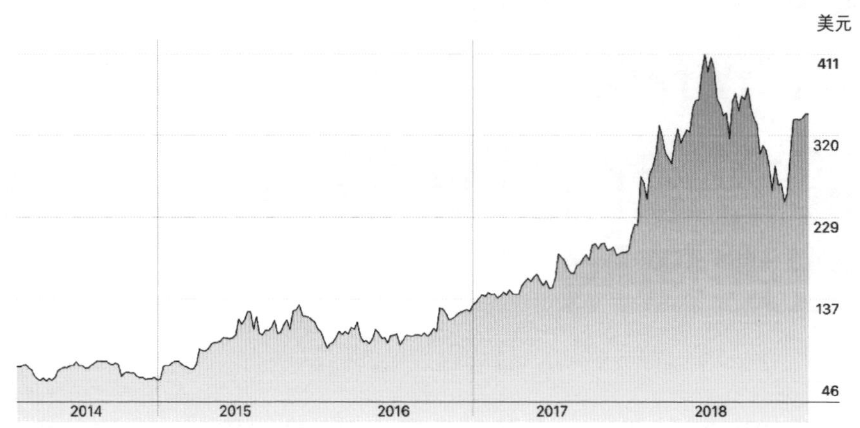

業務及產品

串流影視：Netflix的主要業務是提供串流影視服務給會員。有興趣觀看Netflix節目的用戶，先決條件是有穩定及高速的網絡，並且擁有可播放Netflix的裝置，包括：智能手機、平版電腦、配備Netflix軟件的電視機、Apple TV、Sony PlayStation、個人電腦等。在免費試用一個月後，用戶可以繼續訂購Netflix會籍，每月繳付月費，便可以隨時觀看Netflix資料庫內的影片，利用串流觀看或下載影片離線觀看。

資料庫：Netflix資料庫內比較吸引的是他們自家品牌Netflix Original的劇集及紀錄片。過去幾年Netflix Original的House of Cards、Black Mirror、Riverdale、The Crown均廣受世界各地的觀眾歡迎。

DVD租賃：美國本土一些未有寬頻網絡基建的地方，Netflix仍提供DVD的租賃服務。Netflix會把DVD及回郵信封，一併寄給客戶欣賞各類型的節目。

主要競爭對手

Netflix的主要競爭對手為Fox、Comcast、Blockbuster、HBO、Walt Disney等等。Netflix的其他對手為世界各地的免費及收費電視台。而Netflix在網頁上的企業策略報告指出，他對手不是任何公司，而是使用者的有限時間（一天24小時）。

Netflix認為他們的成功取決於使用者用多少時間觀看Netflix，而不是進行其他林林總總的娛樂節目如看書、聚會、購物及運動。

業務地域

Netflix在美國本土甚為歡迎，近年亦成功在世界各地推廣業務，業務覆蓋地方已包括190個國家，只有在中國、敍利亞、北韓、克里米亞等國家或地區未能使用。

財務狀況

圖表2.51　Netflix 2015-2017重要財務資料（單位：十億美元）

	2015	2016	2017
損益表			
營業額	6.78	8.83	11.69
經營利潤	0.31	0.38	0.84
經營利潤率（%）	4.51	4.30	7.17
純利	0.12	0.19	0.56
每股盈利（美元）	0.28	0.43	1.25
資產負債表			
總資產	10.2	13.6	19.0
總負債	8.0	10.9	15.4
股東權益	2.23	2.68	3.60
現金流量報表			
經營活動現金流	-0.75	-1.47	-1.79
資本支出	0.09	0.11	0.17
自由現金流	-0.84	-1.58	-1.96

資料來源：Netflix 2015-2017 年度報告

Netflix三年間收入倍增，十分驚人。在控制成本下，Netflix的每股盈利在三年間更能增加5倍左右，總資產及股東權益亦在膨脹中。

值得一提的是，雖然Netflix有盈利，但是其在經營活動中不斷產生負數現金流，這意味Netflix近年仍要靠借款維持。早年息口低迷，這一種營商模式或會成功，但是隨着息口上升，Netflix所面對的財政壓力會逐步增大。

企業優勢

因品牌效應跟各大硬件商合作：Netflix的品牌已得到認同，因此能夠跟各大硬件商合作，與廠商合作下，電視生產商如Samsung、電子遊戲機如PlayStation以及電視機頂盒Apple TV，這些裝置在出廠時已預設Netflix的功能。消費者能夠從硬件的控制器上，輕易看到Netflix的節目，這對Netflix的發展十分有利，亦能從其他競爭者當中脫穎而出。

已證明的技術：Netflix現在的技術已得到相當的肯定及證明，即使全球有數以千萬的用戶同時觀看，其服務亦不受影響，穩定的畫質及流暢的播放亦得以維持。

企業前景

串流電視終取代傳統電視：隨着科技的發展，日後觀眾絕對不會滿足於傳統電視節目廣告，坐在電視機前等待節目開始；反之，觀眾會傾向自選節目，無論何時節目開始，抑或用甚麼裝置看節目，都要操控在手上。串流電視終會取代傳統電視，對Netflix發展有利。

圖表2.52　NETFLIX 用戶數增長圖

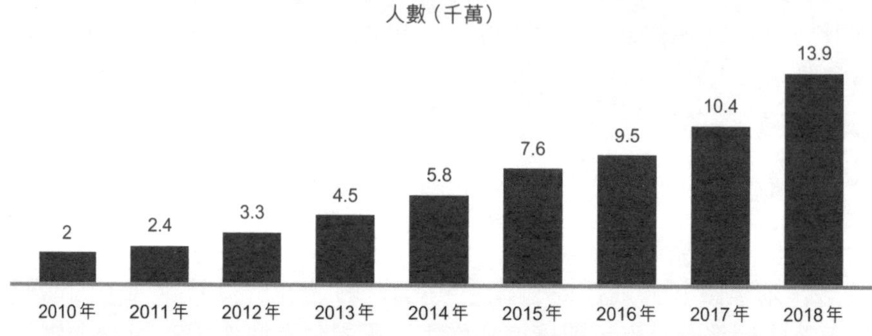

強大現金流及控制內容投資：日後Netflix的會員數目飽和之時，Netflix可以輕易控制投資在節目上的金額，透過每月收取的大量會費，來獲取盈利及現金流。雖然減少內容上的投資或會引發會員退會（unsubscribe），但只要能夠控制得宜，仍是有利可圖。

經營風險

為內容作出龐大的支出：現時，為了吸引新客戶及保留舊客戶，Netflix每年在投資製作及購買節目內容上，均付出巨額的支出，導致現金流表現及盈利表現不理想。由於投入的支出不保證能保留或吸引新客戶，因此構成一項不顯眼的風險。

折舊率非常高：節目內容容易過時，所以在會計上的折舊率非常之高。這樣會影響企業的財務表現及增長能力。

如何分析

暫時來看Netflix的估值及市價仍然超級昂貴，負現金流情況亦對投資者信心增添一份壓力，因此，現價投資Netflix可能要面對巨大風險，亦要接受回調的壓力。

分析重點應在於會員的數量能否保持增長，以及Netflix會否在內容投資上有所改變，從而改善現金流的情況。

★★ 東昇投資 ★★

說來可笑，筆者在2017年夏天的講座曾為讀者簡介過Netflix這公司，當時Netflix股價只在100多美元，有數位聽者自行跟進了，但筆者自己卻沒有買入，只買了Nvidia。筆者在300美元左右的價位才買入，現時，手上持有的Netflix會以以上分析方法來觀察。

2.6 Nvidia [NVDA] 受惠人工智能大時代

簡介

業務類別：電腦晶片生產／雲端服務

行政總裁：Jen Hsun Huang

主要持有股東（機構）：FMRLLC（8.01%）

Nvidia Corporation（英偉特）（NSADAQ：NVDA），於1999年在美國上市，是一間總部位於美國加州的電腦晶片生產公司。公司於1993年成立，主要從事設計、研發、生產及銷售圖型處理器。

時至今日，Nvidia已在世界各地出售含圖型處理器的電子產品，並擴展其業務至數據中心、汽車自動駕駛及雲端服務等等。

股價圖

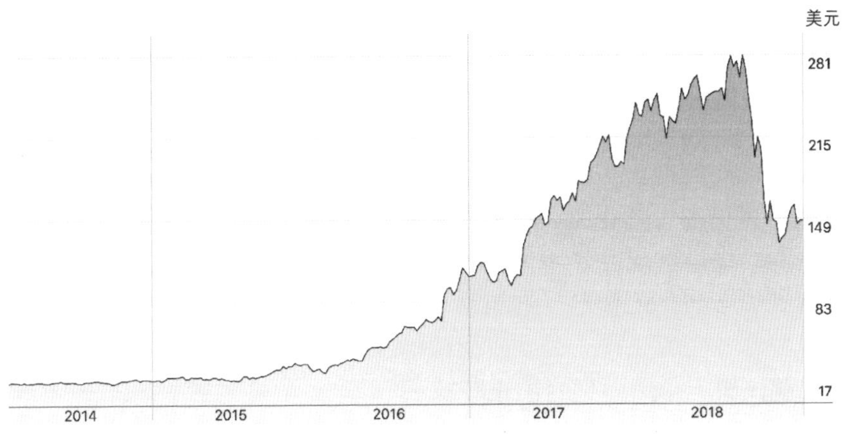

產品及業務

了解Nvidia的產品及業務之前，首先要了解公司最出眾的一項產品：圖型處理器（Graphical Processing Unit，下稱GPU）。Nvidia是圖像處理器的發明者，經過多年的努力，Nvidia已能夠將GPU應用在不同的層面上，包括遊戲及電競、雲端計算及數據中心、汽車、專業的圖像化、以及近年來興起的虛擬貨幣方面的業務。

電腦遊戲、個人娛樂及電競的業務：先說電腦遊戲、個人娛樂及電競的業務。現在有一大部分的遊戲玩家都很喜歡使用Nvidia旗下品牌GeForce的GPU顯示卡來幫助他們處理現今非常複雜的3D遊戲。隨着電競的發展，愈來愈多人願意在硬件方面作出更大的投資。

數據中心：另一大業務是數據中心。隨着人工智能的發展、以及雲計算及數據中心的應用，Nvidia的軟件及硬件能夠幫助很多公司設立巨型數據中心。Nvidia最大的現有客戶包括亞馬遜、百度及Facebook等等，這些公司都在人工智能技術的應用上，投放了不少資源發展。

隨着這方面的發展，愈來愈多公司使用人工智能去改善他們的服務及產品。現時，Nvidia開始跟IBM及Microsoft等公司合作，希望為更多客戶提供雲端計算、人工智能及數據中心的服務。另外，GPU能幫助到很多先進的研究、包括生物科學機械工程、電腦流體力學、醫學、教育方面的研究。很多研究機構都會使用GPU來模擬環境，以及幫助解決研究中所遇到的複雜計算。

汽車業務：現時，愈來愈多汽車生產商開始研發自動駕駛這方面的技術。Nvidia現在跟300多個研究機構、汽車生產商、零部件供應商研究及開發應用GPU的人工智能系統、供應給自動駕駛的方案。

虛擬貨幣：市面上有很多虛擬貨幣需要解決深奧、複雜的電子算式，從而達到虛擬貨幣的應用。在這些範疇上，特定的情況下GPU會比傳統的中央處理器(Centra Processing Unit, CPU)效能更好，所以早前的虛擬貨幣熱潮，亦間接地刺激了NvidiaGPU的銷量。

圖表2.61 Nvidia2018年全年業績披露的業務收入分布：

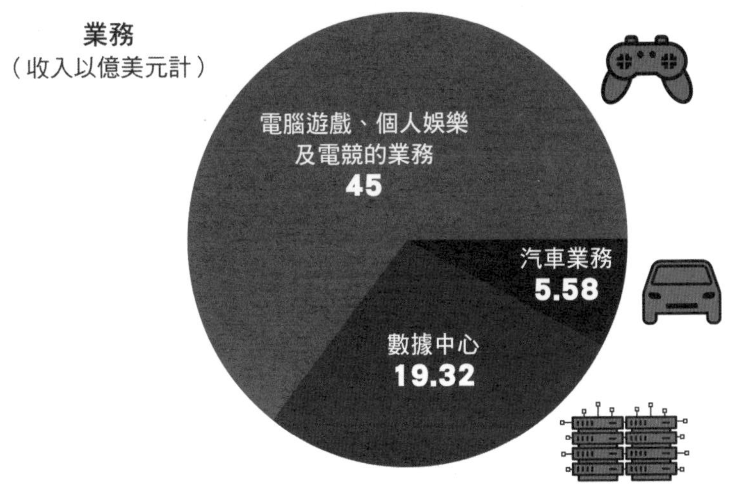

主要競爭對手

圖型處理器(GPU)業務：AMD

GPU、數據中心服務：Intel、Microsoft

業務地域

雖然Nvidia總部設於美國，但其業務絕對是全球性的。在發展中國家當然有發展的機遇，而我看到的是，已發展國家的人工智能、雲端服務、電競等的發展，令Nvidia的產品的未來需求很強。

財務狀況

圖表2.62　Nvidia 2015-2017重要財務資料（單位：百萬美元）

	2015	2016	2017
損益表			
營業額	5,010	6,910	9,714
經營利潤	759	878	1,937
經營利潤率(%)	15.15	12.72	19.94
純利	631	614	1,666
每股盈利(美元)	1.14	1.13	3.08
資產負債表			
總資產	7,201	7,370	9,481
總負債	2,783	2,901	4,079
股東權益	4,418	4,469	5,762
現金流量報表			
經營活動現金流	906	1175	1672
資本支出	122	86	176
自由現金流	783	1089	1496

資料來源：Nvidia 2015-2017 年度報告

近年，Nvidia因為受益於GPU的廣泛應用，營業額及經營利潤得以倍增。透過公司自身的改善及生產更多新產品及服務，Nvidia的經營利潤率亦改善了不少，2017年的純利差不多是2015年的三倍。

值得一提是，Nvidia的經營活動現金流很高，資本支出很小，自由現金流情況十分好，令總資產及股東權益得以成長。

總括來說Nvidia的財務狀況十分良好。

企業優勢

源源不絕的收入：在人工智能、雲端數據、高階電競、自動駕駛四大範疇同時大力發展之下，Nvidia近年的收入及盈利以源源不絕來形容絕不為過。巨大的正現金流令Nvidia可以加大技術研發、收購技術等等，從而保持其優勢。正現金流亦令Nvidia可以派發股息給予股東，而很多科技股都沒有派息政策。

高門檻業務：GPU行業有極高的技術門檻，Nvidia的產量及佔有率已令到其定價及毛利有很好的控制。這個行業除了現有的對手外，現時已發展到難以有新的競爭對手加入。

企業前景

我對整個GPU行業或者是Nvidia前景十分樂觀，原因是我個人很相信人工智能、雲計算數據中心、虛擬實境、高階電競、虛擬貨幣、及自動駕駛這些科技，將會是未來世界重要發展的方向。在這個未來方向下，作為GPU的硬件生產商的Nvidia相信能大為得益，而且在以上各項範疇發光發亮，從而做到營收增加、盈利增加，回饋股東。

經營風險

強大的競爭：由於科技的發展布局及GPU市場有利可圖，吸引了大型電子公司加入競爭。Nvidia最大的兩個競爭對手，Intel及Microsoft都是財雄勢大、而且技術掌握也十分前衛。強烈的競爭是形成Nvidia不可預見的風險。

入侵的風險：當Nvidia有一大部分業務，發展於雲端計算及人工智能及數據中心，數據安全及系統穩定性則漸漸變成業務風險。黑客入侵系統的風險，令他們需要投放更多資源去抵抗及保護各服務中心的運作。任何不穩定、不安全的系統將會成為負面的消息。

對供應商的依賴：Nvidia的半導體全部都不是自己生產，反之，主要

是靠亞洲兩大公司，包括了台灣最大的半導體電腦公司台積電及南韓的三星電子。如果供應商在半導體的供應上不穩定、以及半導體價格浮動，將會影響Nvidia的股票價格及生產。

如何分析

分析Nvidia應該利用分析高增長股的方法：以盈利預測、Forward P/E預期等因素去進行估值。

方法並不複雜。在其業務蒸蒸日上的大前提下，首先，可以從不同的資訊渠道找到其下一年或下兩年的盈利預測。然後，從過往股價資料當中，找出平均市盈率或平均預測市盈率等等。

估算目標價公式

估算目標價＝下年度盈利預測 × 慣常的平均市盈率或預測市盈率

例：

假設市場上普遍估計Nvidia來年的每股盈利預測是10美元；市場慣以市盈率或預測市盈率40倍來買賣此股，所以其估算目標價為：

估算目標價＝下年度每股盈利預測 × 慣常的平均市盈率或預測市盈率

＝$10×40

＝$400

風險：要留意盈利預測的準確性，市況好壞、企業前景等因素亦會影響市盈率的使用。

★ ★ 東昇投資 ★ ★

筆者在近年才認識人工智能及雲端服務的威力。此外，為了更深入了解電子競技的發展，筆者還一把年紀重新投入電子遊戲世界，選購Nvidia的硬件。

2017年夏天，我在講座中向在場聽眾提過自己重倉Nvidia股票作為投資。當時的股價大約在140多美元，預測市盈率則是50倍以上。在高市盈率下，價值投資者根本不會看得上Nvidia。

到執筆時，Nvidia股價已經企穩在200多美元以上。市盈率則在盈利增長下，下降至40倍以下的水平。筆者倉內仍有不少Nvidia的股票。

由於人工智能仍會是未來的一大領域，除非股災來臨，筆者仍傾向長期持有此股。

2.7
Tesla [TSLA]
電動車龍頭 轉虧為盈

Tesla Inc.
特斯拉
TSLA

簡介

業務類別：電動汽車／太陽能產品

行政總裁：Elon Musk

主要持有股東（機構）：FMR LLC（12.35%）

Tesla Inc.（特斯拉）是一間電動汽車及太陽能產品公司，舊稱特斯拉電動車公司，總部位於美國加州。公司於2003年成立，於2010年在美國上市，以往主要是設計、研發、生產及銷售個人電動汽車，2016年收購SOLARCITY，並開始提供太陽能解決方案及產品。

時至今日，特斯拉已在世界各地售出其豪華車款Roadster、Model S及Model X，以及普通車款Model 3。

股價圖

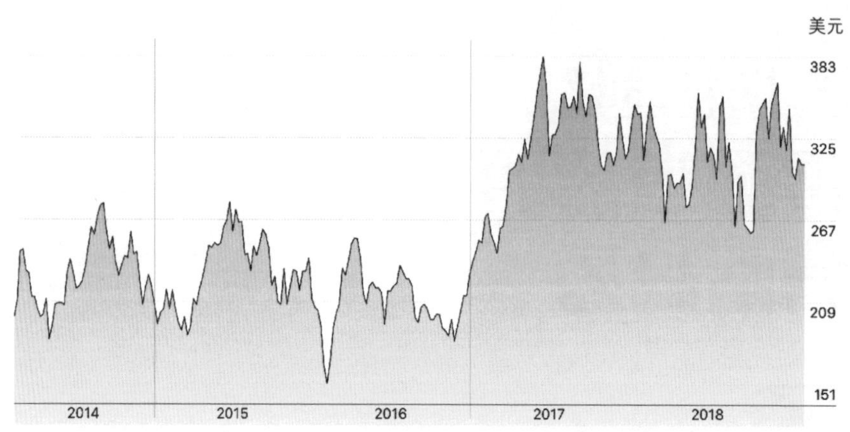

業務及產品

特斯拉的產品在一眾美股當中算是比較簡單的。特斯拉自從收購了Solar City（太陽城）之後，業務可分為電動車及能源產品兩大類。

先說電動車，特斯拉現在可以買到的電動車產品包括Model S、Model X及Model 3，客人亦可以預訂的未來產品，包括電動貨車Semi、超級跑車Roadster等，總括來說，電動車系列暫時有這五個產品。Model S是特斯拉第一輛比較大型生產的電動車，其特色是一輛加速及速度很快的高級轎跑車；Model X則是七人電動車，特色是其鷗翼車門的設計。Model 3則是正常的轎車、擁有一個不俗的速度，亦是特斯拉量產電動車的最重要一環。

而能源產品包括了家用太陽能板、太陽能儲電池、太陽能供電系統等等。

圖表2.71　2018年全年Tesla的汽車按車種付運分布

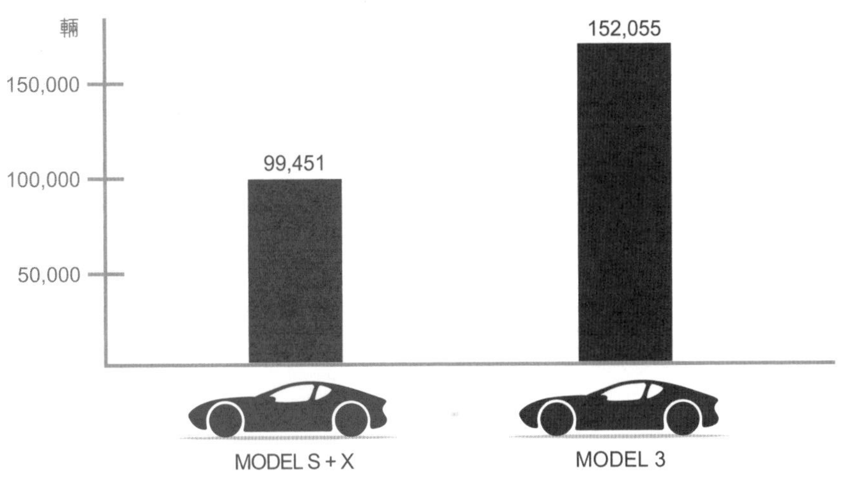

主要競爭對手

傳統的高階汽油汽車生產商：Mercedes、BMW、Audi等

傳統的普通汽油汽車生產商：Volkswagen、Ford、Chervon等

積極的電動車生產商：上述的汽車生產商及一眾日本汽車生產商。

中國的新能源汽車生產商：比亞迪及吉利汽車等。

業務地域

特斯拉暫時在美國本土的銷量不錯，但是從營銷分布中，可見特斯拉在歐洲市場不算十分受歡迎。特斯拉在中國也有一定的市場及潛力，在香港亦是深受歡迎，至於韓國、日本的市場上，暫時就看不到特斯拉有太大的優勢。

財務狀況

圖表2.72　特斯拉2015-2017重要財務資料（單位：百萬美元）

	2015	2016	2017
損益表			
營業額	4,046	7,000	11,759
經營利潤	-717	-667	-1,632
經營利潤率（%）	-17.71	-9.53	-13.88
純利	-889	-675	-1961
每股盈利（美元）	-6.93	-4.68	-11.83
資產負債表			
總資產	8,092	22,664	28,655
總負債	7,004	17,911	24,418
股東權益	1,089	4,753	4,237
現金流量報表			
經營活動現金流	-524	-124	-61
資本支出	1,635	1,440	4,081
自由現金流	-2,159	-1,564	-4,142

資料來源：特斯拉 2015-2017 年度報告

從過往數年的財務數據分析所得，Tesla仍處於大企業的生長時期。雖然在Model S量產時已經可以產生不錯的毛利，但長年高昂的研發成本及行銷管理費用則把毛利全數吃掉，以致經營利潤長年仍是負數，從而出現每股虧損。

值得留意是，雖然出現每股虧損，但部分資本支出最後會成為公司的資產，所以可以留意到公司的資產及股東權益是有所增加。

分析此股時宜多留意自由現金流量，並多檢查現金有否到達危險水平。

從財務報表來看，只要維持需求，不停增加產能，只要毛利增長多於研發成本及行銷管理費用的增長，經營利潤就會變成正數，並出現每股盈利。此後，現金流量情況也會好轉。

Tesla已於2018年的第3及第4季均獲得季度盈利了。

企業優勢

優良設計能力：Tesla的成功，其中一個因素是公司具有優良設計能力。Model S的車身線條完美，大型輕觸式中控台、收入式車門手把及強大的加速力，均能顯示Tesla成功的美學及工程設計。擁有如此卓越的設計能力，令Tesla未來的產品銷量會有一定的保證。

頂級汽車安全性：大部分由Tesla設計的汽車，都能夠在安全測試中拿到頂級分數的級別，汽車的安全性亦是Tesla產品一大賣點之一。

獨家電池技術：Tesla擁有獨家的電池技術及龐大的電池廠房Gigafactory，令到Tesla在電池容量、電池散熱、電池壽命及產量穩定性等，均比其他品牌有優勢。

自動駕駛技術：Tesla在努力發展電力推動的車輛同時，自動駕駛技術亦走在科技前端，自動駕駛技術的應用遠比其他汽車品牌為多。Tesla亦持續投入極多資訊進行研發，令其自動駕駛技術不斷領先對手。

企業前景

有時候，投資股票是投資前景的。以特斯拉為例，一眾投資者以溢價買入公司，證明了他們對前景是有希望的。

在2018年這一刻，特斯拉的前景是在於是否能夠可持續地生產出量產電動車Model 3，並廣為大眾接受。如果量產達到一個突破臨界點（Threshold Value），如一年50萬輛，特斯拉就能持續穩定產生出盈利。而當特斯拉有盈利的時候，領先的無人駕駛技術、研究能力及其電池科技，則可以發展得比其他對手跑快一兩步。

另外，在全世界都推動環保政策的風氣下，相信電動車亦會逐漸取代汽油車市場。當中英國及法國政府，已立例所有車輛在數十年後不能再使用汽油作為燃料。如果所有汽車有一半變成電動車，這個市場份額可是十分驚人。

圖表2.73　Tesla的歷年汽車付運（單位：輛）

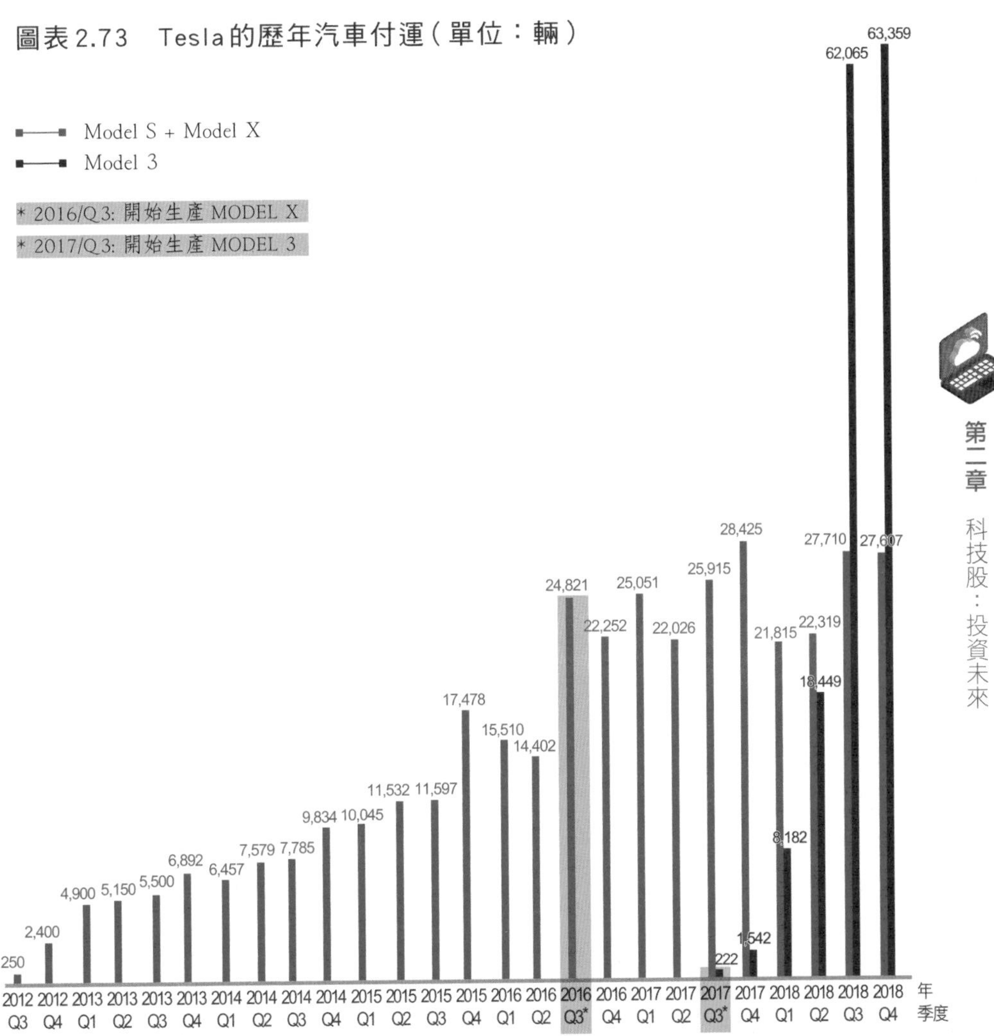

經營風險

財務風險：財務風險是特斯拉的最大風險。由於特斯拉連年虧損、並且要不停為擴充產能而增加資本支出、以及花大量資源於研究及開發當中，所以現金流對特斯拉的財務狀況來說，一直是十分大的挑戰。

在過去數年，特斯拉的部分資金是以來自股東及發債來維持。在早年的低息及銀根氾濫的情況下，特斯拉是比較容易獲得資金的。最近一兩年美國利率開始上升，特斯拉要拿到資金，將要付出更大的成本及面對更高的難度。如果量產的時刻還沒來臨，特斯拉隨時出現現金流不足，更嚴重是導致生產計劃倒退、甚至公司倒閉。這是投資這隻股票的投資者不能忽視的最大風險。

量產成功與否：Model 3的量產成功與否，取決於公司的正現金流、其產能擴充能力、零部件供應鏈的穩定性、以及其他不可控制的風險因素。在一環扣一環的汽車生產當中，只要有一兩個部件生產出現嚴重問題，就會令到量產未能達到目標，從而令特斯拉轉虧為盈的情況變得更加困難。

市場對Model 3的接受程度：雖然特斯拉在汽車設計當中常有新穎及創新，其功能每次都令顧客感到十分驚喜及讚嘆。但是，特斯拉出產的汽車質素水平也令人垢病。如果量產的Model 3在大眾心目中未能達到水平，那麼完成之前預訂的Model 3訂單之後，能否有持續的訂單是未知之數，這亦是投資這股票的風險之一。

與大型品牌的競爭：電動車已成為各大汽車廠商必爭之地，而且眾多歐洲及美國品牌在汽車市場上樹立了多年來的口碑，如果大品牌大力發展電動車，相信其發展的電動車也會為特斯拉帶來激烈競爭。

如何分析

2019年將會是特斯拉的關鍵年。

分析特斯拉的要點是要密切留意其主要產品的出貨量，從而自行估算其毛利、淨利、現金流等等。

舉例說，如果Model 3於2019年如期量產、並廣受買家接納，從財務報表上的分析，特斯拉將會出現淨利及正數的自由現金流。那時候，特斯拉可能會出現20-40倍的市盈率，仍會比起其他車廠高出很多。那時候應否再持有特斯拉股票呢？值得深思一番。

Tesla已於2018年10月28日公佈第三季季度業績時產生淨利，成為當時的一大好消息。消息公佈後股價大升。

正數的自由現金流直接可以紓緩特斯拉的資金壓力，令其倒閉的風險大大降低。特斯拉可以減低對債務的依賴，進入一個正常的經營生態圈，這點對公司發展有重大意義。

投資者亦應留意，在Model 3之後，特斯拉會否再有驚世的產品。從我對特斯拉多年的認知來看，特斯拉由零開始到做到量產電動車，其創意及執行力是令人讚嘆的，我相信他們一定能夠再次研發出受歡迎的產品，令公司可以持續地發展。

★ ★ 東昇投資 ★ ★

筆者在Tesla未在香港普及時已留意其產品及股票，並於2013年以100美元以下買入Tesla。當時Tesla只有Model S售賣，而且付運的等候名單很長，很多車主下了訂金後遲遲還沒有收到車輛。在香港的路面上，當時Tesla更是十分罕見。筆者在2014年起開始在日常生活中，記錄每天看到多少輛Model S。由最初一輛也沒有，到每幾天看到一輛，然後一天有幾輛，尤其集中於南區。到了2015年後期，筆者一天都見到十多輛Model S的行駛，最後每天遇見的數目，已經多到筆者也不再記錄了。

當時正正是隨產量上升，Tesla的股價在高高低低下最終曾創下380美元。而近年Tesla有其特性，通常在季度業績公布時會令投資者失望，導致股價下跌。所以股價升至300美元以上，我已漸漸減持Tesla股票，只作短線的波幅炒作。

Chapter 3

金融支付科技股 改變未來支付模式

3.1 Visa (V) 受惠電子消費的大時代機會

VISA Visa V

簡介

業務類別：電子支付科技
行政總裁：Alfred Kelly
主要持有股東（機構）：Vanguard（7.5%）

在60年代的美國，當時中產階層流行商家消費及記帳（俗稱賒數），每個中產人士手上普遍有數個商家的記帳，數目混亂導致十分不方便，造就了其後信用卡的出現。

Visa於1958年在美國加州成立，當初信用卡的概念是由美國銀行（Bank of America）內部構思出來。Visa在美國銀行的管理下發展到1970年中，其後正式脫離美國銀行。1972年，Visa信用卡已在15個國家發行，應用亦愈來愈廣泛。1976年，Visa這個品牌終於成立了。2006年，Visa以代號V在紐約交易所上市。

股價圖

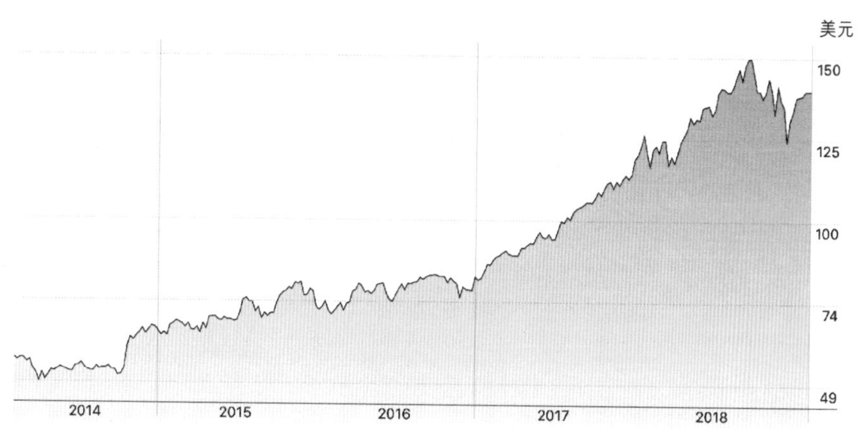

業務及產品

眾所週知，Visa是一家信用卡公司。但大家可能未能夠完全了解一間信用卡公司是如何經營，以及其商業模型。在此我會解說一下Visa的業務及流程。

簡單來說，Visa是一間支付科技公司，而不是一間財務機構。在這樣的定位下，Visa會跟兩大類業務夥伴，來經營他的支付業務。第一類夥伴是發卡機構，大部分經Visa核准的發卡機構都是銀行及金融機構，也有一些大公司會自行發出Visa的信用卡。而發卡機構則可因應其市場需求收集會員，並批核信用卡申請，以及向個人或者公司發出信用卡，客戶收到信用卡後便可進行支付。同時，發卡銀行需向卡主提供客戶服務，以及提供現在非常流行的獎賞計劃。

另一方面，Visa的一大合作夥伴是收款機構。收款機構的功能是跟商戶簽署合約，商戶在簽卡後會收取簽帳的單據，在結算的時候商戶會把單據交給收款機構。而收款機構就負責與發卡銀行聯絡，並收取個人客戶的款項，然後把這些款項分發給個別商戶上。與此同時，收款機構亦需要負責與商戶的一切客戶服務。

圖表3.11　Visa 業務運作流程

資料來源：Visa.com

主要競爭對手

Visa的主要競爭對手：Mastercard、American Express、JCB、UnionPay及Discover Diner Club。

Visa是眾多信用卡公司當中最大的。其市場佔有率大概接近60%，第二的Mastercard則佔有30%。剩餘的公司則瓜分餘下10%的市場份額。(註：UnionPay不在此分析之內)

業務地域

Visa的業務遍布全球，現在已經能夠在全球超過200個國家使用Visa的服務，Visa在全球設置106個辦公室及數據中心，並擁有超過15,000位員工。

財務狀況

圖表3.12 Visa 2015-2017重要財務資料（單位：十億美元）

	2015	2016	2017
損益表			
營業額	13.88	15.08	18.36
經營利潤	9.06	9.76	12.14
經營利潤率（%）	65.30	64.71	66.15
純利	6.31	5.93	6.47
每股盈利（美元）	2.58	2.48	2.80
資產負債表			
總資產	40.24	64.04	67.98
總負債	10.39	31.12	35.22
股東權益	29.84	32.91	32.76
現金流量報表			
經營活動現金流	6.58	5.57	9.21
資本支出	0.41	0.52	0.70
自由現金流	6.17	5.05	8.50

資料來源：Visa 2015-2017 年度報告

Visa正在受惠於以下的增長勢頭：

- 正在增長的人口
- 正在增長的信用卡使用率
- 正在增長的消費額
- 正在增長的電子支付
- 正在增長的市場

因此，過去數年Visa的營業額、經營利潤、純利及經營活動現金流均有很好的增長。這樣亮麗的成績下，Visa的股價亦拾級而上。而在可見的將來，筆者看不到以上的增長勢頭會有所改變。

企業優勢

較高的市佔率：雖然筆者覺得Visa跟MasterCard的分別不大，但在市佔率方面，Visa比所有對手都還要高，而且仍有擴大的勢頭。這反映了Visa進取的市場推廣十分成功。假以時日，Visa有機會淘汰市佔率低的對手。

簽卡成生活習慣：隨着用戶行為的改變，簽信用卡已變成生活不可分離的一部分。Visa的盈利在交易中抽成出來，生意可謂源源不絕，作為長線投資極為穩妥。

企業前景

電子商貿：電子商貿的成功在於方便的電子支付，賣家容易收到金錢，買家亦在安全快捷的情況下付款。隨着電子商貿愈來愈多人使用，信用卡亦受惠於持續增大的電子商務營業額。

小型電子支付：這些信用卡公司近年積極推行小型電子支付，例如payWave輕觸式的信用卡支付，為顧客帶來非常方便的付款體驗。現在很多顧客在購買小量及便宜的價品，例如只有十元八角，也能透過信用卡的輕觸式支付快速付款，信用卡的使用從以往較高的消費額的交易，現在拓展到較低的消費額，這會持續增加Visa的盈利，對企業發展有利。

經營風險

無信用卡捆綁支付：Visa的主要經營風險是未來創新的支付科技。隨着科技越見發達，每個人手上也能夠擁有一個智能手機作為個人的支付機器，無現金支付成為世界各地科技巨頭的兵家必爭之地。以目前來看，很多支付的科技仍要捆綁信用卡，來實踐其支付的應用，但隨

着未來時間過去及科技的發展，日後的支付科技可能不需以信用卡的捆綁，將會對信用卡公司的業務作為一大風險及威脅。

資料保護及黑客入侵：因黑客入侵而流失信用卡資料的新聞報道時有聽聞，如果信用卡公司在保護顧客資料及使用信用卡的安全領域上不加以進步，並引致顧客的重大損失（無論是金錢上或是個人資料上的重大損失），將會影響大家對信用卡的應用。

如何分析

由於Visa在過往幾年的盈利持續增長強勁，所以投資者都給予其一個極高的交易市盈率，根據資料分析所得，VISA的平均預測市盈率達40倍。業餘投資者可以從網上找到公司的盈利預測，從而得到估值。當股價遠低於估值、大市氣氛良好、生意額增長持續情況沒變及投資主題不變時，投資者便可以考慮VISA。

★★ 東昇投資 ★★

筆者早年有投資信用卡公司的股票，但投資在MasterCard為主。近年，筆者深感Visa的發展更為進取，所以都轉為投資Visa了。Visa的持續增長帶來了穩定的資本增值回報。

3.2 PayPal [PYPL] 競爭下仍有投資價值

PayPal Holding Inc.
PayPal
PYPL

簡介

業務類別：電子支付

行政總裁：Dan Schulman

主要持有股東（機構）：Blackrock Fund Advisor（4.1%）

PayPal是一間植根美國的全球性電子支付公司。相比起信用卡公司，PayPal收取更加高昂的交易費用，而特點是交易對方不能知道對方的信用卡資料，因此交易更為安全。PayPal於1998年建立，隨着在千禧年代全球的互聯網及電子商貿的急速發展，PayPal的生意業務也蒸蒸日上。

股價圖

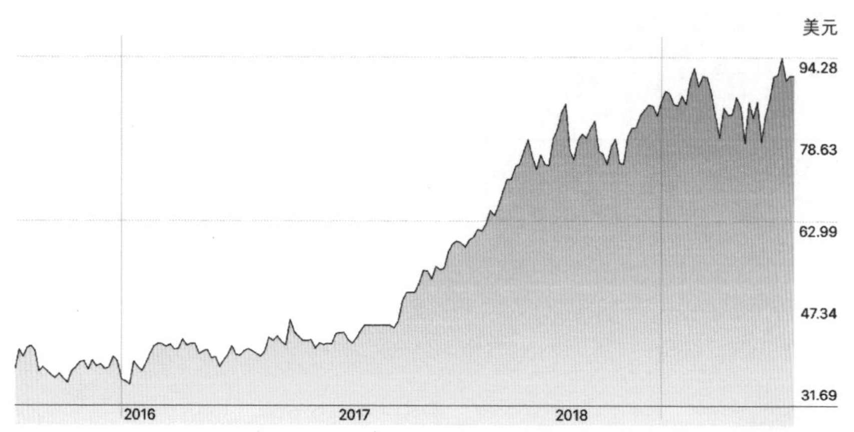

業務及產品

PayPal的主要業務為客人對商戶的電子支付。舉例來說，當客人在網站上購物，如果商戶有提供PayPal的付款選項，客人可選擇透過PayPal以信用卡進行交易，或以PayPal賬戶內的結餘支付商戶。這項交易的特點是客戶透過PayPal支付，商戶不會知道客戶的個人資料及信用卡資料。

這種支付模式可以增加客戶對交易的信心，在早年電子商務興起之初，PayPal的交易模式更是對小型商戶進入電子商務的領域十分重要。至於PayPal的收入來源，則是從中向商戶收取佣金或手續費。

商戶在運用PayPal時則較為被動，例如商戶可在付款網頁中加入PayPal預設的付款程式碼，讓客戶能夠透過PayPal支付購物款項。

另外，商家亦可透過PayPal程式，發放付款單（Invoice），並等待購物者付款。筆者也經營過不同公司，都有使用PayPal的被動形式付款，用起上來非常方便。

因此，PayPal跟其他信用卡付款程式的最大分別，是交易的安全性，令人感到十分可靠。

不同國家之間的付款交易牽涉不同的貨幣，在這些國際交易中，PayPal就有如一家擁有結算能力的國際銀行。不同國家的使用者可以使用同一個PayPal戶口進行收取或付出款項的動作，然後轉換成自身國家的貨幣，PayPal再從中收取手續費及外匯費用的差價。

主要競爭對手

銀行：在外匯結算方面，PayPal最大的對手當然是國際銀行。PayPal的國際付款及收款雖然方便，但有時候手續費有可能比銀行還要貴，使用者亦會多作比較。

另外，很多銀行都積極發展電子支付，這些銀行在本地的電子支付服務都視PayPal及其他信用卡公司為對手。

信用卡公司：信用卡公司如Visa或Mastercard等，近年都積極發展自身的電子支付技術。他朝一日，如果這些公司發展的技術成熟，他們便不會再跟PayPal合作。

支付科技公司或個體：近年虛擬貨幣發展相當蓬勃，較為着名的有比特幣及以鈦幣等等。這些虛擬貨幣的最大優點，是交易可隱藏支付者及收款者身份，而且只要科技運用得宜，這些款項傳送也相當安全，由此可見，利用這些貨幣的優點正正是衝着PayPal而來。假以時日，如果虛擬貨幣的科技發展漸上軌道，亦會對PayPal生意的獨特性，造成威脅。

業務地域

現時，PayPal的業務已經覆蓋全球超過200個國家，但是仍有一些國家未能使用PayPal，這些國家包括一些非洲國家、中東國家、及與美國關係欠佳的國家，如阿富汗、孟加拉、喀麥隆、中非共和國、多明尼加共和國、北韓、赤道幾內亞、加蓬、加納、海地、伊朗、伊拉克、黎巴嫩等等。

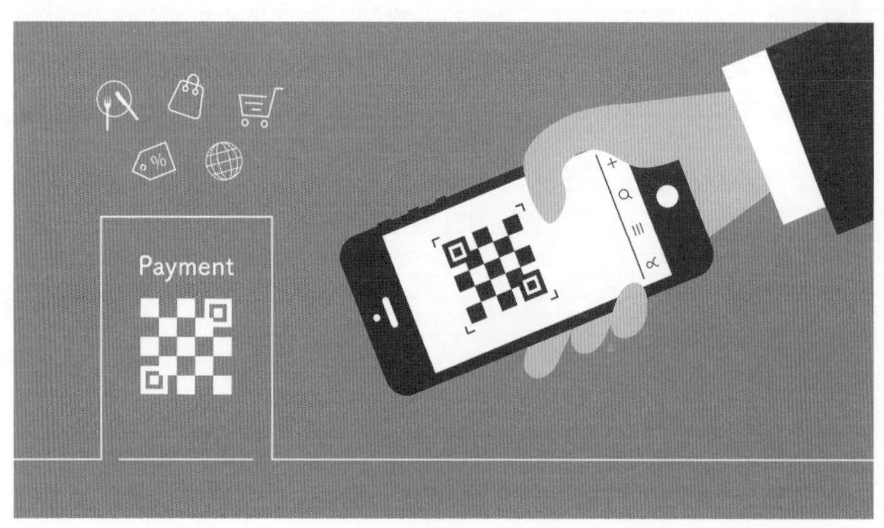

財務狀況

圖表 3.21　PayPal 2015-2017 重要財務資料（單位：十億美元）

	2015	2016	2017
損益表			
營業額	9.25	10.84	13.09
經營利潤	1.51	1.59	2.26
經營利潤率（%）	16.32	14.03	17.25
純利	1.23	1.40	1.80
每股盈利（美元）	1.00	1.15	1.47
資產負債表			
總資產	26.88	33.10	40.78
總負債	15.12	18.39	24.78
股東權益	13.76	14.71	16.00
現金流量報表			
經營活動現金流	2.55	3.16	2.53
資本支出	0.72	0.67	0.67
自由現金流	1.82	2.49	1.86

資料來源：PayPal 2015-2017 年度報告

受惠於愈來愈高的滲透率，PayPal在過去三年的營業額及盈利等財務數據，均有顯着的增幅，這也帶動每股盈利在過去三年間上升了47%。業務中產生的現金流非常充裕，加上控制着資本支出，連續三年也能夠獲得正數的自由現金流。此外，資產及股東權益也得以膨脹，這也是這書經常看到的高增長股的現象。

企業優勢

保密性：雖然PayPal面對着種種的競爭，但在現時的電子商貿世界上，以信用卡作為詐騙及冒用他人信用卡的情況仍時有發生，使用PayPal戶口就可以解決及防止這些情況發生。所以，仍然有不少商戶及付款者樂於使用PayPal作為支付工具，可見PayPal對交易資料的保密性，為公司創造出企業優勢。

企業前景

筆者相信PayPal的管理層，能夠利用本身資金雄厚的優勢，跟其他競爭對手一起發展着良好的電子支付科技，例如手機支付。只要運用資金得宜，這個愈來愈大的「餅」可以容納其他的競爭者，PayPal亦可提供自身的滲透性，令盈利得以增長，所以暫時不需要對PayPal的前景看得太淡。

經營風險

競爭加劇或虛擬貨幣發展：如前所述，由於電子支付是電子商貿，甚至是未來世界的兵家必爭至地，所以吸引了正統的銀行、科技公司與信用卡公司、新興科技個體與虛擬貨幣開發者的參與。既然大家都衝着這個有利可圖的領域而來，難免會造成競爭加劇，投資者應多加留意PayPal日後的經營風險以及其發展對策。始終PayPal也有先發制人的優勢，還需要看管理層如何面對這經營風險。

如何分析

分析PayPal像分析Facebook一樣，需要留意其增長趨勢，及用戶增長率。如從季度業績發現PayPal的增長開始持平、甚至出現走下坡便需要警惕。否則，在一個高增長期的上升軌道，如果大市氣氛良好，投資PayPal是可以參考其預測市盈率的平均數，並作出買入及沽出的決定。

★★東昇投資★★

由於筆者已經持有Visa，及以往持有Mastercard的股票，所以一直將PayPal放入觀察列當中，但如果PayPal因大市氣氛不好而遭到拋售，在業務本質沒有變的情況下，這便是PayPal的買入時機，筆者還是樂意把其加入到自己的長線投資計劃當中。

Chapter 4

消費股：穩健平衡科技股風險

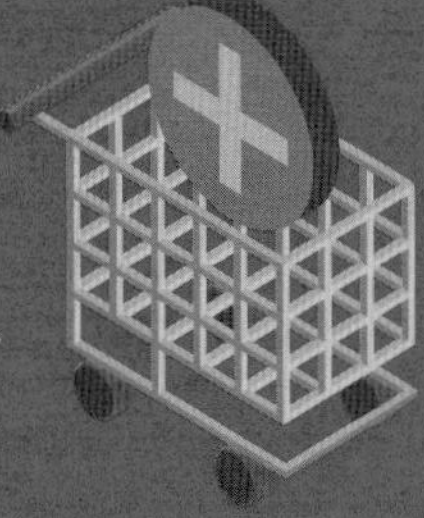

4.1
P&G [PG]
生活用品股
盈利穩賺

P&G

The Procter and Gambler Company
寶潔（P&G）
PG

簡介

業務類別：個人用品工業製造商

行政總裁：David Taylor

主要持有股東（機構）：Vanguard（8.3%）

寶潔是一個超過180年的品牌。寶潔於1837年成立，到了1859年時，銷售額已達到100萬美元以上。在寶潔的頭100年業務中，其主要業務為蠟燭及肥皂生產。於1930年，寶潔開始衝出美國，收購英國的公司。寶潔於二戰後1946年開始生產洗潔精及洗衣粉。時至今天，寶潔已為個人護理提供了全方位的產品。

股價圖

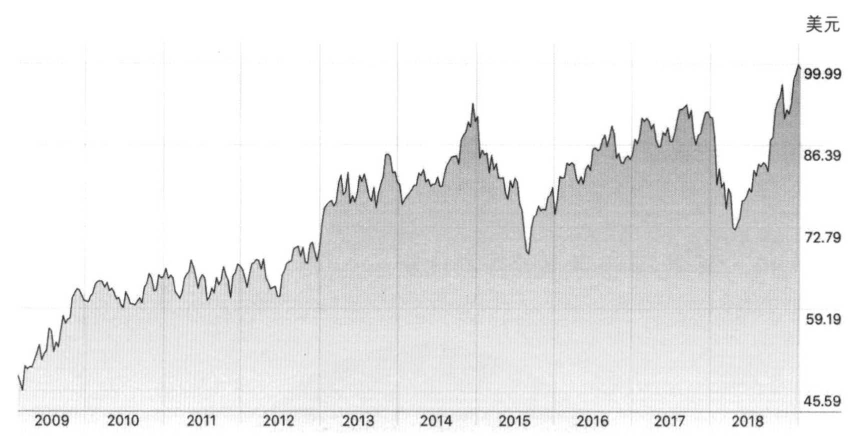

業務及產品

寶潔是全球最大的家庭及個人護理產品公司。其產品業務因應公司的管理分為五大範疇。

美顏產品：包括洗頭水、護髮素、髮型用品、皮膚及個人護理用品。

梳理用品：包括女士用的剃刀及脫毛用品，以及男士用剃鬚刀、剃鬚前後所用的產品。

健康護理產品：包括牙膏、牙刷、牙線及其他口腔護理產品；亦包括一些簡單成藥、維他命、礦物質及營養補充劑。

家庭及皮革布藝護理產品：包括清洗皮革及布藝的清潔劑、空氣清新劑、洗潔精等等。

嬰兒，女性及家庭護理產品：包括嬰兒用的濕紙巾、尿片；女性用衛生巾、成人紙尿褲。家庭護理產品包括紙巾、抹布及廁紙等等。

五大業務以家庭及皮革布藝護理產品生意為最多數，達到三成左右，其次是嬰兒，女性及家庭護理產品業務，亦有接近三成的生意。其他三項業務則分別佔有其餘的四成左右。

圖表4.11　寶潔2018年業務盈利比重

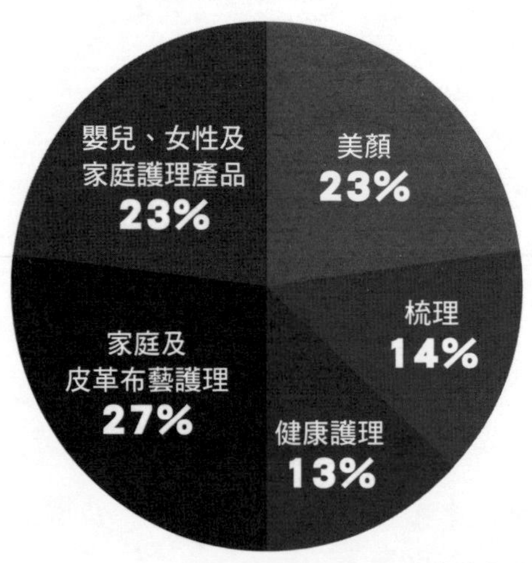

資料來源：P&G 2018 年度報告

寶潔旗下常見的品牌有：Pampas, Tide, Gain, Bounty, Charming, Always, Head & Shoulders, Pantene, Joy, Mr. Clean, Braun, Gillette, Vicks, Crests, Oral-B, Olay, Ivory etc.

主要競爭對手

主要競爭對手：Colgate-Palmolive（高露潔），Estee Lauder, Coty, Parfums等

業務地域

寶潔公司在全球80多個國家設有工廠或分公司，所經營的品牌產品暢銷180多個國家和地區，其中包括美容美髮、居家護理、家庭健康用品等。寶潔並於全球各地設立25個技術中心。

財務狀況

圖表4.12　寶潔2016-2018重要財務資料（單位：十億美元）

	2016	2017	2018
損益表			
營業額	66.53	65.06	66.83
經營利潤	13.44	13.96	13.71
經營利潤率（%）	20.58	21.45	20.52
純利	10.25	15.09	9.49
每股盈利（美元）	3.69	5.59	3.67
資產負債表			
總資產	127.1	120.4	118.3
總負債	69.8	65.2	66.0
股東權益	57.3	55.2	52.3
現金流量報表			
經營活動現金流	15.44	12.75	14.87
資本支出	3.31	3.38	3.72
自由現金流	12.12	9.67	11.15

資料來源：寶潔 2016-2018 年度報告

P&G近年的業績只能夠持平，未有強勁的增長，每股盈利亦見反覆。利好的是，P&G近年仍有不錯的經營活動現金流，及受控的資本支出，每年的自由現金流亦十分強力，令其財政狀況甚為穩妥。

自由現金流令P&G可以進行回購及派息，其派息比率達至70-80%。P&G近5年的派息一直在增加，即使股價仍在整體上升，計及回購註銷效果，其派息率仍可以達到3-4%。

圖表4.13 寶潔過去5年派息

年度	總派息(美元)	當年孳息率
2018	$2.8412	3.1 - 3.9%
2017	$2.7383	2.9 - 3.2%
2016	$2.6714	3.0 - 3.6%
2015	$2.6323	2.9 - 3.8%
2014	$2.5323	2.8 - 3.3%

資料來源：
P&G 2014-2018年度報告

從上表可見，寶潔過去5年的派息都略有增加。由於股價會波動，所以當年的孳息率會在股價最低及最高位浮動，過去5年，寶潔的息率都大致能夠維持於2.8%-3.9%。

企業優勢

良好質量控制：憑藉多年專注在產品研發及質量控制，寶潔的產品質量得到了很多的好評。因此，當寶潔推出或收購新產品時，消費者很容易接受，形成很強烈的產品依賴性。

以日用品為主：寶潔的產品多是日常用品，一般來說，日常用品的銷售及毛利率都是穩定。

企業前景

人口增加：由於寶潔賣的產品幾乎都是消費者的必需品，所以不用太擔心他的營收，只要全球人口持續增加，相信他的營業額及盈利亦會增加，長遠亦會反映在股價之內。

市場擴展：這企業在已發展的國家已經得到很成熟的成長，擁有自由現金流及盈利之後，這些企業會在發展中國家繼續拓展市場，從而增加商品的覆蓋範圍。隨着市場推廣及拓展，企業會獲更加多的營業額及盈利，營商模式甚為穩妥。

經營風險

全球經濟影響：寶潔的產品銷售世界各地，因此其營業額及利潤跟全球的經濟景氣環境成正比關係，跟3M一樣，如果全球經濟放緩的話，營收會受影響。

供應商的穩定性：寶潔的產品牽涉龐大化工供應。如果供應出現阻塞出錯，寶潔公司供應穩定性亦會大受影響。

環保條例愈來愈多：日用品的成分多為化學物質，在生產過程中難免產出污染物。隨着對污染物的環保條例愈來愈多，產品的成本或會日漸增加，在未能完全將成本轉嫁予消費者的情況下，毛利率將會下降。

如何分析

由於寶潔的派息比率達到8成左右，很多投資者都把寶潔當成收息股，並以收息股的框架作分析，因此，投資者亦應監察寶潔的派息及回購情況，如果未能維持，會對股價有不利；相反，如果派息及回購情況持續增加，投資者或會願意以價格去追買，令孳息率維持，可以令到寶潔的股價上升。

作為息口敏感股，投資者亦要留意美國國債十年期孳息率跟寶潔息率的差異。如果兩者差異收窄，會令資金流向較低風險的國債，從而令寶潔的股價有壓力。

★ ★ 東昇投資 ★ ★

筆者已觀察此股多年，由於美國長期在牛市的關係，所以筆者未能夠以一個比較便宜的價錢買入這股作為長線持有。這些穩定的工業股及生活股，筆者會在市況出現大調整的時候，並以一系列的估值指標（如股息率，市盈率，市帳率，存貨日數，銷售數據等）作為參考，再找出入貨的時機。買入這些股票之後，應該會長遠持有，作為平衡投資科技股的風險，順道收息，達到財息兼收效果。

4.2
Pfizer (PFE)
全球最大的藥廠

Pfizer
Pfizer輝瑞
PFE

簡介

業務類別：醫療藥物

行政總裁：Ian Read

主要持有股東（機構）：Vanguard（7.0%）

輝瑞公司是一家美資的國際製藥公司，以收入計算，輝瑞是全球最大的藥廠。輝瑞創立於1849年，是美國歷史悠久的藥廠，1928年開始，輝瑞開始大量生產抗生素，生產成本控制得很低，為公司帶來很大的收入。2004年輝瑞的股票變成道指成分股。此後，輝瑞不斷透過收購壯大自身實力。

股價圖

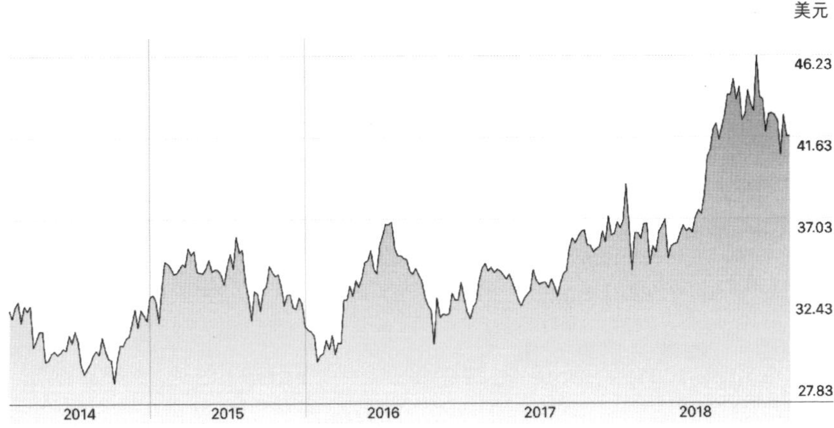

業務及產品

輝瑞研發及生產多種不同的疫苗及藥物，基本上能夠覆蓋人類大部份的已知疾病。其中9款藥物各自年銷售額超過10億美元，藥物總銷售額佔企業總收入超過44%，9款藥物包括：

- 13價肺炎鏈球菌疫苗
- 乳癌藥物（Ibrance）
- 關節炎藥物（Enbrel）及類風濕關節炎藥物（Xelijanz）
- 腸胃癌藥物（Sutent）
- 神經痛藥物（Lyrica）

- 防止凝血藥物（Eliquis）
- 降膽固醇藥物（Lipitor）
- 男性勃起功能障礙藥物（Viagra，俗稱偉哥）

另外，輝瑞將其主力業務分為內用藥、疫苗、腫瘤科、消炎藥、罕見疾病、保健等種類。而生物相似藥、無菌注射等，則是輝瑞的發展中高增長業務。

圖表 4.21　輝瑞各業務比重

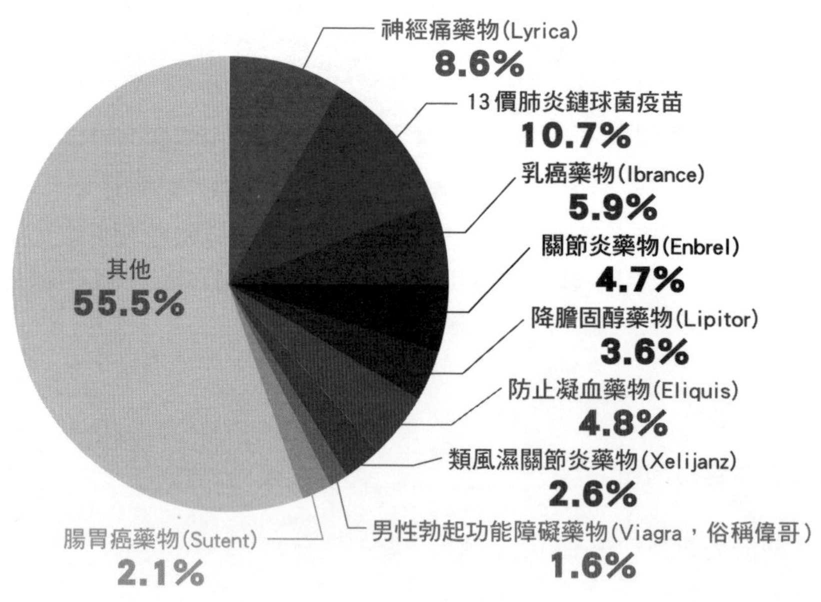

資料來源：輝瑞 2018 年度報告

主要競爭對手

主要競爭對手：英國的GSK

第二對手：法國的藥廠Sanofi-Aventis

第三對手：瑞士的Roche

以營業額來計算，輝瑞仍是全球最大的藥廠。

業務地域

輝瑞在全球125個國家擁有業務，並且在58個地區設有藥廠，業務可謂遍布全球。

財務狀況

圖表 4.22　輝瑞 2015-2017 重要財務資料（單位：十億美元）

	2015	2016	2017
損益表			
營業額	48.85	52.82	52.55
經營利潤	12.98	13.73	14.11
經營利潤率（%）	26.56	25.99	26.85
純利	6.96	7.21	21.31
每股盈利（美元）	1.11	1.17	3.52
資產負債表			
總資產	167.46	171.62	171.80
總負債	102.74	112.07	100.48
股東權益	64.72	59.54	71.31
現金流量報表			
經營活動現金流	14.69	15.90	16.47
資本支出	1.50	2.00	2.22
自由現金流	13.19	13.90	14.25

資料來源：輝瑞 2015-2017 年度報告

圖表 4.23　輝瑞過去 5 年派息

年度	總派息（美元）	當年孳息率
2018	$1.02	2.2 - 3.0%
2017	$0.9	2.4 - 2.8%
2016	$0.82	2.2 - 2.8%
2015	$0.74	2.1 - 2.4%
2014	$0.66	2.1 - 2.5%

資料來源：
輝瑞 2014-2018 年度報告

過去5年，輝瑞的派息都穩定地以0.08美元的幅度增加。由於股價會波動，所以當年的孳息率會在股價最低及最高位浮動。過去5年，輝瑞的息率都大致能夠維持於2.1%-3.0%。

企業優勢

專利技術：針對應對嚴重疾病的藥物，輝瑞掌握了不少的技術，亦為此注冊專利，持續收入帶來了一定的保證。

大量現金收購藥廠：輝瑞有大量現金及可以以低成本借入資金，遇到小型藥廠研發出新藥物時以進行收購，藉以穩固市場地位。

企業前景

新型疾病／癌症：隨着科技發展及人類的生活習慣改變，在資訊流通的情況下，我們認識到不同新型疾病及癌症，亦明白到醫療花費愈來愈高，這都對大型藥業公司的營商環境有好處。

生物科技：近年，使用生物科技研發藥物十分流行。生物科技的技術門檻比起一般藥物的門檻更高，有利大型藥廠改善毛利及增加市場佔有率。

經營風險

競爭：輝瑞的競爭對手雖位於歐洲，但在全球市場也同樣有不少市佔率，輝瑞要進一步提高市佔率絕不容易。

收入過度集中：輝瑞最好賣的9種藥物，佔企業收入超過60%，過度集中的情況會容易受競爭對手的挑戰，對盈利影響亦大。

藥物價格管制：美國國內也有很多聲音要求政府多一點介入藥廠的生意，並且制定法律去管制藥物價格。若管制實施，藥廠往後的盈利能力或受影響。

如何分析

輝瑞身處的行業門檻極高，有不錯的護城河。因此，輝瑞的股價能夠慢慢地隨盈利增加而有所上升。近年，輝瑞的派息以年複合增長率（CAGR）8%以上增加。如果投資者對企業的風險接受程度不變，依舊看好前景的話，我個人相信這股票不難為股東提供8-10%的回報。

股票的市價在於市場的供求關係而有所波動。只要配合年內的預計股息率作為比較，例如，股價下跌時，預期股息率達到3%左右，輝瑞的投資價值更加明顯，若在此情況下買入，更加有把握可以達到年回報10%以上。

投資者亦應多加留意其盈利預測及走勢，監察企業優勢有否轉變，能否持續。

★ ★ 東昇投資 ★ ★

筆者早年曾經持有輝瑞的股票，但後來被科技股的高回報率吸引，所以把輝瑞的股票轉成科技股票，因此現在沒有持有輝瑞股票。

4.3 Disney [DIS] 家傳戶曉品牌 強大收購能力

The Walt Disney Company
Disney
DIS

簡介

業務類別：電影電視媒體娛樂／度假業務

行政總裁：Robert Iger

主要持有股東（機構）：Vanguard（6.94%）

The Walt Disney Company，中文為華特迪士尼公司，品牌名稱迪士尼，是美國一間家傳戶曉的娛樂及媒體公司。迪士尼成立於1923年，初期業務涉及動畫及真人電影。隨時間的發展，迪士尼於1991年成為了道指成份股。時至今日，通過自身的擴張及業務的收購，迪士尼的業務已不局限於動畫及電影，於度假業務及產品售賣亦有龐大的營收。2017年，迪士尼宣布了一項重大收購，以524億美元收購另一間巨型媒體公司Twenty-First Century Fox, Inc. (Fox)。

股價圖

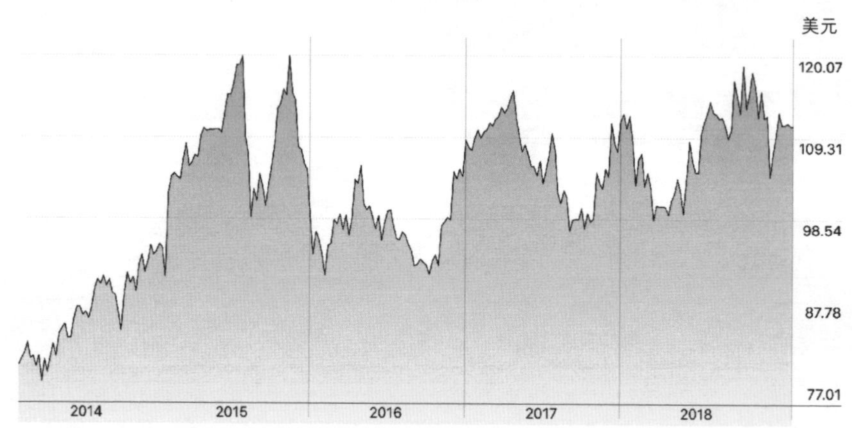

業務及產品

迪士尼的業務可分為四大類，包括電視廣播、迪士尼度假業務、電影及產品。

電視廣播：迪士尼公司擁有着名的體育頻道ESPN八成的股權。此外，迪士尼把自家擁有的卡通片及其他收購回來的兒童節目打造成兒童頻道，以特許播放的形式，售賣到不同的電視公司網絡，從而得到可觀的版權費用。

迪士尼度假業務：迪士尼的度假業務包括了着名的迪士尼樂園主題公園、迪士尼相關酒店、郵輪服務、旅遊服務等等。迪士尼在美國（佛羅里達州、加州、夏威夷）、東京、巴黎、香港及上海均有迪士尼樂園業務，當中香港及上海的迪士尼樂園業務是跟當地政府合資的。通常在主題樂園的附近，迪士尼會興建出相關風格的主題酒店。此外迪士尼在美洲及歐洲有營運迪士尼的郵輪航線，以及提供旅遊安排服務。

電影：迪士尼除了有自家品牌的電影Walt Disney Picture之外，也在之前成功了收購Marvel、Pixar、Lucas film及Touch stone Banner。Marvel系列擁有極受觀眾歡迎的「復仇者聯盟電影」系列。迪士尼最近亦正對Fox進行收購。

產品：凡是迪士尼創作的卡通人物及故事主角，這些圖案均可在日常生活產品，例如文具、玩具、飾物，都可以找到。在用品上印有迪士尼的相關卡通圖案，可以提升產品的價格。透過在全球各地販賣卡通人物及故事主角的授權，迪士尼可以收到大量的版權收入。

圖表 4.31　迪士尼的業務比重

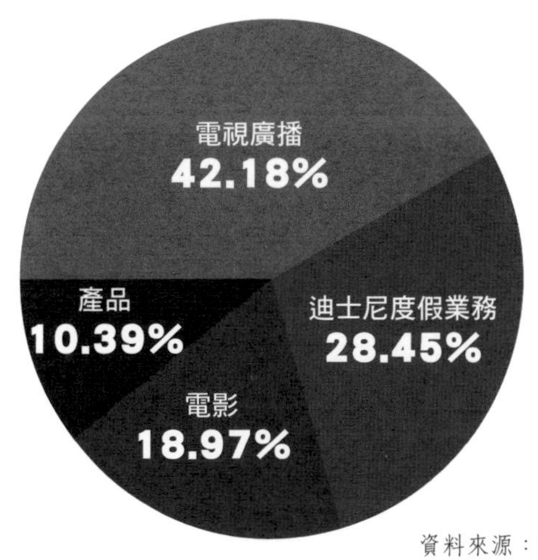

資料來源：Disney 2018 年度報告

主要競爭對手

電視廣播（美國）：CAMCAST

電影：世界各地的電影及動畫公司及
新興的串流娛樂公司，如Netflix

業務地域

在分析眾多美股當中，迪士尼的產品地域最為全球化，而且較少機會受到政治及其他因素的影響。

財務狀況

圖表4.32　迪士尼2016-2018重要財務資料（單位：十億美元）

	2016	2017	2018
損益表			
營業額	52.47	55.63	55.14
經營利潤	13.22	14.36	13.87
經營利潤率（%）	25.21	25.81	25.16
純利	8.38	9.39	8.98
每股盈利（美元）	4.90	5.73	5.69
資產負債表			
總資產	88.18	92.03	95.80
總負債	43.66	48.77	54.50
股東權益	44.53	43.27	41.32
現金流量報表			
經營活動現金流	10.91	13.21	12.34
資本支出	4.24	4.77	3.62
自由現金流	6.64	8.44	8.72

資料來源：迪士尼 2016-2018 年度報告

從上述財務分析可見，迪士尼一直能夠維持一個很高的經營利潤率，達到25%水平。如果從股東資金回報率（ROE）來看，迪士尼一直能夠維持高ROE水平，達到20%。在這個高毛利高淨利的商業環境下，每年迪士尼均能夠產生巨大的經營活動現金流。迪士尼的派息政策十

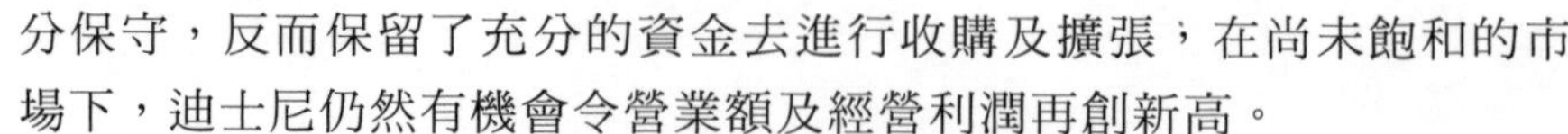

分保守，反而保留了充分的資金去進行收購及擴張，在尚未飽和的市場下，迪士尼仍然有機會令營業額及經營利潤再創新高。

企業優勢

品牌效益：迪士尼的品牌已發展到家傳戶曉的地步，而且還能夠做到一代傳一代，形成一種長久的流行文化。這種有利的品牌效益，能為迪士尼帶來可持續的盈利、現金流等，以部署未來的業務發展。

收購專家：過去，迪士尼收購彼思工作室及復仇者聯盟系列十分成功，可見其管理層擅於收購有協同效益的業務，令盈利可以持續增長。

企業前景

迪士尼的前景在於三大點：一是品牌的地域發展，二是在於加大電影的業務，三是發展串流影視。

以目前情況來看，迪士尼品牌的全球滲透率仍然不算太高。在中國上海開設迪士尼樂園及酒店是一個很好的試點，在時機成熟下，迪士尼可以在其他發展中國家建立這個擴展商業模式。

過往十多年，迪士尼憑自身的財力及執行能力，成功把極有潛質的Pixar彼思工作室收購旗下，令其電影及動畫業務更多元化。此外，收購及重新塑造Marvel系列的電影大受歡迎，擴大了電影及產品業務的

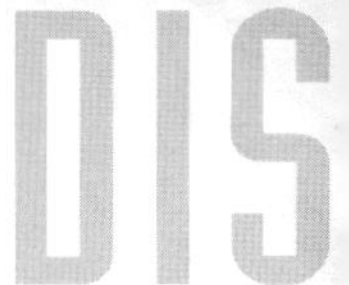

收入。展望將來，迪士尼透過收購Fox來進一步穩固其媒體巨頭的地位，令業務保持增長。

鑑於Netflix近年的發展及持續增長中的受歡迎程度，迪士尼未來一定會大力投資及發展串流影視服務。如果成功，這將會是迪士尼未來的一大前景。

經營風險

全球經濟表現：跟其他全球性的消費股一樣，迪士尼最大的風險是受着全球經濟的表現影響，尤其是迪士尼的產品業務是大眾娛樂，如果全球經濟表現變差，大眾對娛樂的需求減少，或會大大影響迪士尼的收入。

受到串流電影挑戰：迪士尼的電視及電影業務均受到串流電影播放公司的挑戰，如Netflix等。由於在同一個市場競爭，如果用戶比較接受Netflix的串流點播形式電影，迪士尼的卡通片抑或是電影市場，都會受到一定的威脅。

知識產權的保護：迪士尼的產品及品牌收入，很在乎於他對知識產權保護的成果。針對中國及第三世界的發展中國家，如果迪士尼有意在當地擴展業務，可能要花很大的資源及努力維護知識產權。倘若不能維護知識產權的話，在這些發展中國家的業務增長潛力，就會受到威脅。

如何分析

年度	總派息（美元）	當年孳息率
2018	$1.72	1.5 - 1.7%
2017	$1.62	1.4 - 1.6%
2016	$1.49	1.5 - 1.65%
2015	$1.37	1.1 - 1.5%
2014	$1.15	1.2 - 1.5%

資料來源：
迪士尼 2014-2018 年度報告

過去5年，迪士尼的派息都以CARG 8.7%的幅度增加。由於股價會波動，所以當年的孳息率會在股價最低及最高位浮動。過去5年，迪士尼的息率都大致能夠維持於1.1%-1.7%。在2018年時，迪士尼的派息已比3年前增加了30%之多，但股價則與3年前相若。可見其股價持續低迷，投資者比較擔心其收購活動的效益。

要找出迪士尼的長線買入時機，應該留意其預測息率是否升到五年上限，即1.7%或以上。在這個息率下入市，迪士尼的價格風險會較歷史為低，比較安全。

業務監察方面，投資者應多多留意其新興業務，如電影業務及串流娛樂業務等，能否像Apple Services般帶來重大貢獻。另外，傳統廣播如ESPN等，會否因為串流娛樂的流行，而令盈利大幅倒退。

★★ 東昇投資 ★★

近年，筆者曾把這股加入組合，以平衡整個倉位的風險。這股受美國長期牛市的關係，股價長期被炒高，所以其息率極低、P/B偏高，股價也反映了高水平的ROE。筆者後來把這股賣出，但仍保持觀察。當熊市或股災完結時，此股份業務未必真正受到太大影響。屆時股價有機會隨大市下跌，當P/B下降、股息率上升，便是筆者收集此股之時，作為全個組合的一部分。

4.4
Nike [NKE]
運動用品品牌深入民心

簡介

業務類別：運動用品／時裝

行政總裁：Mark Parker

主要持有股東（機構）：Vanguard（7.9%）

Nike的前身於1964年創立，1971年更名為Nike。1979年，出產有空氣軟墊技術的AIR球鞋；1984年，與家傳戶曉的籃球員Michael Jordon簽約，生產Jordon系列的球鞋，Nike生意額及知名度因此而大增。時至今日，Nike的產品已分成6大類，在世界各地均有直接及間接的銷售點。

股價圖

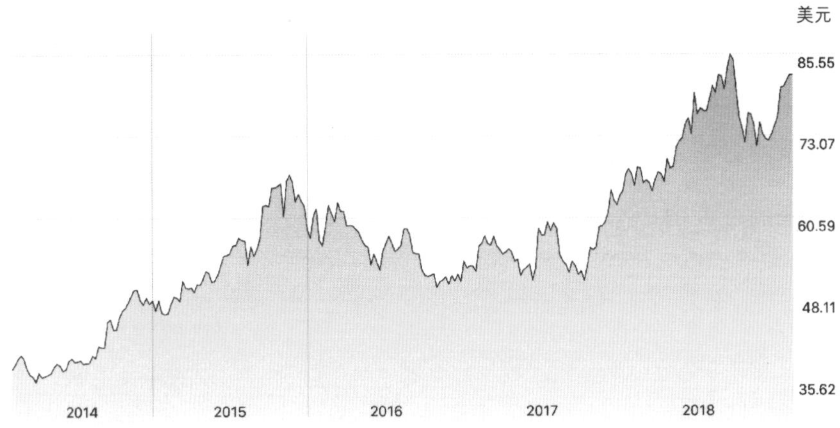

業務及產品

Nike的產品在近年專注六大方面，當中包括跑步、籃球、米高佐敦品牌、足球、訓練及體育時裝。除Nike之外，休閒鞋款Converse及休閒服裝Hurley亦是集團旗下的品牌。

圖表4.41　2018 Nike三大產品的分布

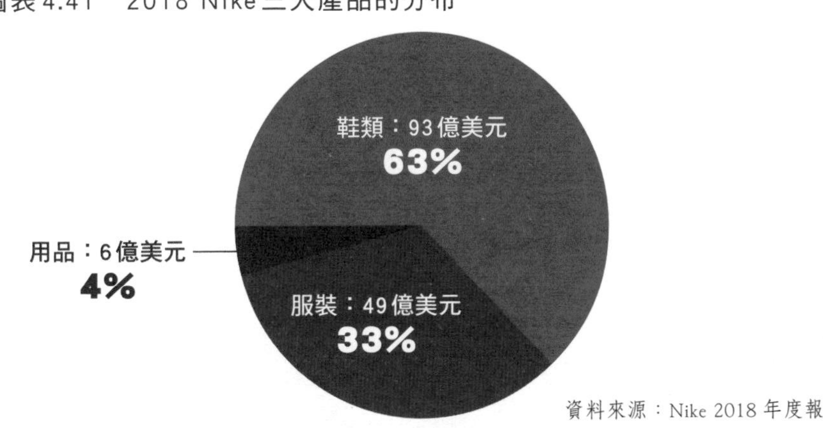

資料來源：Nike 2018年度報告

主要競爭對手

主要全球對手：Adidas, New Balance, Under Armour, Puma

訓練及體育時裝產品對手：Lululemon

在中國的主要對手：李寧牌

業務地域

Nike有超過58%的營業額是美國以外的。Nike在全球有664間直銷的店舖。其中Nike Factory便是Nike的直銷零售點。Nike在13個國家設有球鞋製造廠。

財務狀況

圖表4.41　Nike 2016-2018重要財務資料（單位：十億美元）

	2016	2017	2018
損益表			
營業額	33.38	34.35	36.40
經營利潤	4.50	4.75	4.45
經營利潤率（%）	13.91	13.83	12.21
純利	3.76	4.24	1.93
每股盈利（美元）	2.16	2.51	1.17
資產負債表			
總資產	21.40	23.26	22.54
總負債	9.14	10.85	12.72
股東權益	12.26	12.40	9.81
現金流量報表			
經營活動現金流	3.40	3.85	4.96
資本支出	1.14	1.11	1.03
自由現金流	2.26	2.74	3.93

資料來源：Nike 2016-2018年度報告

一如其他大型工業股一樣，近年Nike的營業額、總資產、經營活動現金流及自由現金流等，均有持續的增長。

在2018年度，由於美國政府進行稅務改制的關係，企業的國外業務盈利需要「歸國」並進行課稅，Nike需要支付一筆一次性的18.75億美元的稅款。這樣的一次性安排，蠶食了Nike接近2美元的每股盈利，令損益表上看似盈利倒退。實際上，2018年的業績大致上跟上年同期持平。

只要生意模式能夠維持，Nike每年仍能夠有20-40億美元的自由現金流可用作於公司的發展，如研發、收購及派發股息等等。

細閱經營利潤率，以一間時裝品牌公司來說，Nike有很高的毛利及淨利。過去5年，Nike的毛利率均企穩在40%以上：

圖表4.42　Nike過去5年的毛利率

年度	毛利率
2018	43.8%
2017	44.6%
2016	46.2%
2015	46.0%
2014	44.8%

資料來源：Nike 2016-2018 年度報告

從上述毛利率看，即使Nike的產品售價並不便宜，消費者也能夠接受，而主要競爭對手是無法透過價格調整來搶生意。

企業優勢

品牌效益：一旦品牌成功穩固地在消費者心中建立起來，企業的營業額便有所保證了。

高質量：消費者願意花中等的價錢購買其產品，除了品牌效益外，Nike的產品也以高質量、安全及耐用見稱。

企業前景

收入增加：Nike正在努力拓展其他還未覆蓋的市場，隨着市場的拓展，營業額將會增加，從而帶來更加多盈利，盈利上的增加會為股價帶來一定的正面影響。

健康／運動文化：隨着大眾推廣健康及運動文化，Nike這些運動鞋及運動服裝牌子，最能夠受惠這種文化的發展。消費者都願意付款買一些歷史悠久、質素高的運動用品，對Nike十分有利。

經營風險

競爭激烈：由於運動鞋及運動服的毛利率都很高，所以很容易吸引其他競爭者的加入，造成劇烈競爭。除了對手Adidas之外，近年New Balance／Under Armour亦成功搶去不少市場份額。

時裝品味難以捉摸：運動鞋款及運動服始終屬於時裝的一類，而時裝的品味經常會隨着潮流而改變。經營時裝及衣服的企業所承受的潮流改變風險，往往比經營其他業務的企業為大。

被批評的企業責任：每隔一段時間，這類型的公司就會被輿論揭發一些關於企業責任的負面新聞，例如Nike的外判工廠曾在發展中國家聘用兒童員工，在嚴苛的條件下及不理想的工作環境下生產球鞋。這些都會影響企業品牌形象，甚至會帶來罰款或影響生產線。

如何分析

圖表4.43　Nike過去5年派息

年度	總派息（美元）	當年孳息率
2018	$0.82	1.0 - 1.2%
2017	$0.72	1.1 - 1.4%
2016	$0.66	1.1 - 1.3%
2015	$0.54	0.7 - 1.1%
2014	$0.47	0.9 - 1.2%

資料來源：
Nike 2014-2018 年度報告

如前文所述，2018年的稅改導致Nike的每股盈利只有1.17美元。但這個情況下，Nike仍然增加1成派息，達到0.82美元，令股票的孳息率在股價上升的情況下得以維持。由於投資者長期看好Nike的業務，往往會以高價買入Nike股票，以致Nike的孳息率只有1%左右，所以投資者絕不能以一隻傳統收息的消費股來分析Nike。

除了2018年度，Nike市盈率大多維持在21-28倍左右。投資Nike要有耐性及等待時機。在假設業務未來沒有太大負面因素下，業務仍會有增長，投資者應耐心等候時機，如市盈率因股價浮動跌至20倍以下，以及孳息率抽到1.2%以上，就好好把握機會考慮。

★★ 東昇投資 ★★

筆者一向想增加工業股，來平衡筆者重倉的一籃子科技股票。筆者正密切留意Nike的股價情況，如出現心目中的市盈率及孳息率，在適當的時候會進行買入。展望將來，Nike仍可在大中華地區及其他發展中國家增加收入，令企業可以維持增長。

4.5
3M [MMM]
極穩定業務連續派息一百年

3M

3M Company
3M公司
MMM

簡介

業務類別：工業生產商
行政總裁：Michael Roman
主要持有股東（機構）：Vanguard（8.33%）

3M公司是提供各式的工業產品的老牌供應商，於1902年創立，戰爭時期生產及供應了不少國防及軍事用品，其後衍生出不同的產品如印刷、紡織、攝影菲林等等。

時至今日，3M已在世界各地出售各式工業、商用及家庭產品。3M建立了良好的口碑，產品亦以創新及良好品質見稱。

股價圖

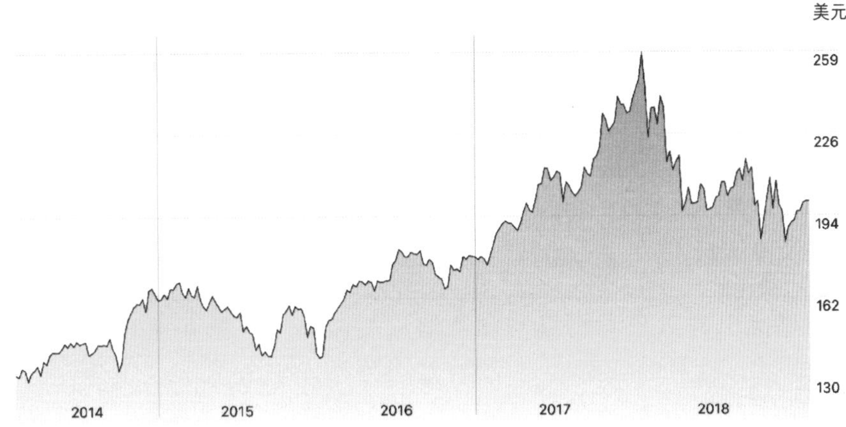

業務及產品

相信大家對3M的產品耳熟能詳。3M公司將他們業務分為五大範疇，易於管理。五大範疇包括工業、安全及圖像、健康護理、電子及能源、以及顧客產品。五大業務範疇同樣得益於3M總公司的研究及發展，以及同樣貢獻3M總公司的盈利。

工業範疇：包括生產汽車零部件及汽車售後部件、紙張及印刷、包裝、食物及飲品、以及建築材料。3M較常供應的工業產品包括膠紙、不同系列的鍍膜、膠水、陶瓷、特別材料、填縫劑、過濾器、隔音產品等等。

安全及圖像產品：其主要產品包括個人保護設備，例如口罩、隔音器、眼罩及高空工作防護產品。在圖像產品方面，3M的產品包括指示牌、路牌、反光牌及屋頂產品等。

健康護理產品：供應於診所、醫院、藥廠、牙醫及手術室。其產品包括手術用具、防菌產品、口腔護理產品、以及一些食物安全的產品。

電子及電腦能源產品：包括各種顯示器的鍍膜、這些鍍膜可以幫助減低藍光、增加私隱度、或者減低眩光。3M亦有為很多電腦部件提供潤滑劑及冷卻劑。

顧客產品：當然是我們日常經常使用的產品，包括其擁有專利的膠紙、膠水、冷氣機防塵網、口罩、手套等等。

主要競爭對手

3M的工業產品主要競爭對手是Avery Dennison；

玻璃及陶瓷業務的主要對手則為Corning；

安全產品、文儀產品則在不同地方有不同的本土對手。

業務地域

3M的業務是全球性的，無論是發展中國家、已發展國家都極為需要其產品。

財務狀況

圖表4.51　3M 2015-2017重要財務資料（單位：百萬美元）

	2015	2016	2017
損益表			
營業額	30,274	30,109	31,657
經營利潤	6,946	7,223	7,234
經營利潤率（%）	22.9%	24.0%	22.9%
純利	4,833	5,050	4,858
每股盈利（美元）	7.58	8.16	7.93
資產負債表			
總資產	32,718	32,906	37,987
總負債	21,010	22,608	26,424
股東權益	11,708	10,298	11,563
現金流量報表			
經營活動現金流	6,420	6,662	6,240
資本支出	1,461	1,420	1,373
自由現金流	4,959	5,242	4,867

資料來源：3M 2015-2017 年度報告

近年3M的營業額只能微微向上，經營利潤率穩定（大約23%），總資產及股東權益亦穩定。3M過去100年有極穩定的業務及營收，所以他能夠在過去100年內，即使在大蕭條及世界大戰期間，也能維持派息。

如果從股東資金回報率（ROE）來看，3M一直能夠維持極高水平，達到40%-50%。這已證明了3M的業務極為有利可圖，而且各項專利令業務具護城河的優勢，競爭者不容易以價格策略來跟他競爭。

而在過去數年，經營活動產生的正現金流，有大約一半會用於維持派息。

企業優勢

優質產品：經多年來對產品研發的努力，3M產品的質量口碑已達到極高的評價。因此，每當推出新產品時，3M可以有很強的定價能力，以維持較高的經營利潤率。

派息穩定：在過去多年，無論是在經濟蕭條或是美國對外戰爭的年代，3M均能夠維持股息的派發，此舉令長線投資者投下信心的一票。

圖表4.52　3M過去5年派息

年度	總派息（美元）	當年孳息率
2018	$5.44	2.1 - 3.0%
2017	$4.7	2.0 - 2.7%
2016	$4.44	2.5 - 3.2%
2015	$4.1	2.4 - 2.9%
2014	$3.42	2.1 - 2.6%

資料來源：
3M 2014-2018 年度報告

過去5年，3M的派息都以CARG　9.0%的幅度增加。由於股價會波動，所以當年的孳息率會在股價最低及最高位浮動。過去5年，3M的息率都大致能夠維持於2.0%-3.0%。

企業前景

現時消費主義橫行、各行各業的衛生安全要求亦愈來愈高，這個情況下，3M的營業額可望再創新高，加上3M向來積極改善營運，亦致力研發更多有用新產品，有繼續成長的空間。

經營風險

嚴謹的環保及工業安全法例：全球的環保及工業安全的法例愈來愈嚴謹，作為工業巨頭的3M，嚴謹的法例對3M可謂首當其衝，成本及生產效率亦會大受影響。

3M部分產品如膠水、膠紙、冷卻劑等，在生產過程中會產生不少污染物，若日後環保法律收緊，有機會令3M的製造成本增加，並且不容易轉介予消費者，直接影響毛利率及淨利率。

全球經濟：由於3M的產品幾乎涉獵我們生活及工業生產過程中的每一部分，所以3M的業績極受全球經濟影響。3M盈利及派息，往往是影響投資者是否買入該股的決定性因素。如果全球經濟放緩、甚至經濟倒退、出現通縮、3M的營收必定會反映出來，公司的盈利、增長以及其派息政策亦會大受影響，股價亦有機會出現沽售壓力。

外匯浮動：3M業務、生產基地遍布全球，總公司則位於美國，營收及盈利最終仍以美元結算。所以全球貨幣對美元的浮動，會對3M財務造成直接正面或負面的影響，分析這股票時必須考慮其外匯的風險。

如何分析

由於3M業務屬於穩定工業生產類型，所以不能期望投資3M會有爆炸性的增長。反之，3M具有其前述的發展潛力及優勢，所以此股股價還是能夠慢慢增長，投資3M時亦應要以長線為主。

過去十年，3M的股價穩步向上，升了3倍左右，年複合增長率為11.6%（未計股息）。雖然年複合增長率未至於十分驚人，但在複式效應下，長時間的穩定表現仍能帶來可觀的回報。雖然股價相對穩定，但間中也會受與業務不相關的消息刺激而回落。

分析此股時，投資者應集中監察季度業績內的收入、經營利潤率、股東權益等等重要數據，看看有沒有連續的放緩及倒退。

由於業務穩定，股價則受到不太直接的波動，在基本因素假定不變時，投資者可設定一系列的平均估值指標，如市盈率、預測市盈率、市帳率、孳息率，作為買入指標。每當市盈率、預測市盈率、市帳率等估值指標遠低於平均值時，或孳息率遠高於平均時，便可以考慮交易。

如果預測孳息率高達3%時，將會是3M的一個相對安全的投資機會。

★ ★ 東昇投資 ★ ★

近年，筆者曾把這股加入組合，以平衡整個倉位的風險。這股受美國長期牛市的關係，股價長期被炒高，所以其息率極低、P/B偏高，股價也反映了其維持高水平的ROE。筆者後來把這股賣出，但仍保持觀察。當熊市或股災完結時，此股份業務未必真正受到太大影響。屆時股價有機會隨大市下跌，當P/B下降、股息率上升，便是筆者收集此股之時，作為全個組合的一部分。

4.6
Ferrari [RACE]
極高利潤的富人玩意

Ferrari
Ferrari法拉利
RACE

簡介

業務類別：賽車／高級跑車／品牌產品

行政總裁：Louis Camilleri

主要持有普通股股東（機構）：Baillie Gifford & Co.（7.7%）

法拉利（Ferrari）是一家意大利跑車製造商，主要製造高性能的超級跑車及一級方程式賽車（Formula1, F1）。法拉利由Enzo Ferrari於1939年創立。最初法拉利只生產賽車，及後才擴展到生產超級跑車作民間銷售。法拉利主要依靠賽車活動維持品牌，因此十分投入一級方程式賽車。銷售的超級跑車是財富、名氣、速度、品味及奢侈的象徵。

股價圖

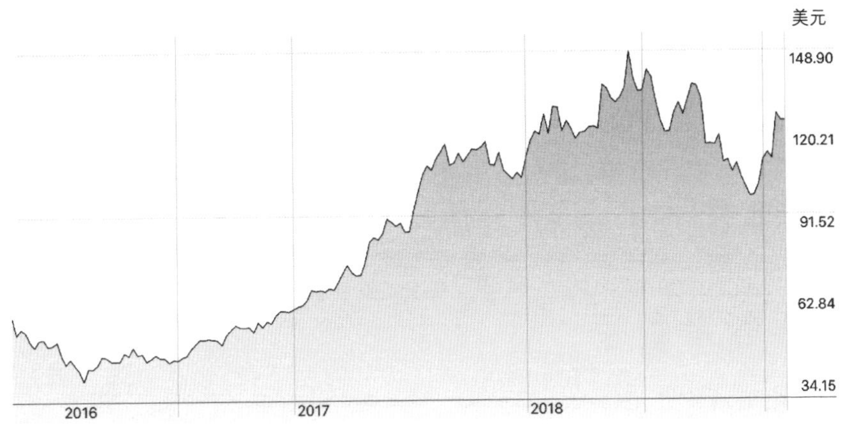

業務及產品

法拉利的主要業務是售賣跑車，次要的業務則是透過出售品牌的版權合作權，產生周邊的服務及產品，如主題公園、配件、服裝、手錶、玩具及電競遊戲等等。

現時，法拉利的主要汽車產品有7款，包括4款超級跑車及3款跑車。在香港，一般全新的法拉利跑車連稅售價達到數百萬港元，絕對是一眾富人的玩意。

為了維持業務，法拉利在一級方程車比賽上投放不少資源。法拉利在F1擁有自己的車隊，亦支援了個別其他車隊的技術，尤其是傳動系統上的技術。積極參與F1比賽，令法拉利品牌得以維持及發展，推廣意大利傳統高級汽車工藝，向世界展示研發創新賽車及應用跑車技術到商用汽車的能力。

法拉利的主要市場策略，是以品牌效應來吸引大眾注意，藉此吸引新客戶。法拉利亦相當注重與舊有客戶的關係，透過會員制度、參觀廠房、舉辦賽車及駕車活動，法拉利可以吸引舊有客戶買入新產品以及引進新的客戶。

主要競爭對手

超級跑車業務：林保堅尼及麥拿倫

F1推廣及技術研發：Mercedez

業務地域

圖表4.61　法拉利不同區域的業務分布

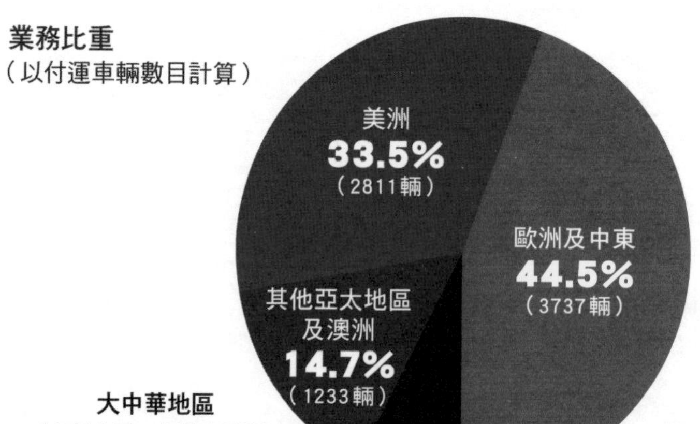

資料來源：
法拉利2017年度報告

財務狀況

圖表4.62　法拉利2015-2017重要財務資料（單位：十億美元）

	2015	2016	2017
損益表			
營業額	2.85	3.11	3.42
經營利潤	0.46	0.62	0.78
經營利潤率（%）	16.0	19.9	22.8
純利	0.29	0.40	0.54
每股盈利（美元）	1.52	2.11	2.82
資產負債表			
總資產	3.86	3.85	4.14
總負債	3.90	3.52	3.36
股東權益	-0.04	0.33	0.78
現金流量報表			
經營活動現金流	0.71	1.01	0.66
資本支出	0.36	0.34	0.39
自由現金流	0.35	0.66	0.27

資料來源：法拉利 2015-2017 年度報告

受惠於產品價格上升，產品更高的滲透率，以及改善的毛利率及經營利潤率，達至正數的經營活動現金流，法拉利因此獲取盈利。

留意的是，2015年法拉利的股東權益負債曾經出現負數，代表公司曾出現總負債高於總資產值。短暫的資不抵債情況，其實也是企業管治及風險管理的一個警號。投資者應該多留意，看看負股東權益的情況會否再次發生。

企業優勢

品牌效益：多年的努力下，法拉利已經建立一個很強的品牌效應。很多消費者購買法拉利車輛，除了欣賞車子本身的性能及質素外，品牌亦是一個重大的考慮。品牌的消費者大多會被視為富有、有品味、奢華、出眾，這種品牌效應會令法拉利成為不少人的夢想。

出色市場推廣：法拉利不需要以傳統媒體作出廣告及宣傳，法拉利以會員制度、參觀廠房、舉辦賽車及駕車活動等等的出色市場推廣方案，讓顧客感到優越及與別不同。

企業前景

社會貧富懸殊：全球的貧富懸殊情況正在加劇當中，愈來愈多富人因為不同的原因而變成超級富有。這一小眾的富人正是奢侈品牌的目標消費者，在可見的將來，這種情況亦難以扭轉。

中國市場增長：隨着中國的經濟急速發展，中國每年的億萬富豪數量仍在增加。法拉利是富人其中一個愛好的品牌，因此，筆者相信法拉利在中國的收入在未來會有所增加。

經營風險

品牌可持續性：奢侈品企業的經營風險在於品牌的可持續性。奢侈品跟時裝潮流很相似，消費者對潮流的品味可以在短時間改變，投資者宜長期監察這個風險。

品牌對一級方程式表現依賴：法拉利的品牌效應，對一級方程式賽車表現有一定的依賴。始終賽車運動是公開競技，賽車成績是不能夠保證的，如果長時間在一級方程式比賽的表現不佳，也會對法拉利的品牌有一點影響。

汽車排放的法律要求：超級跑車的引擎除了為車子帶來強大的馬力之外，亦會有很高的氣體排放率。隨着世界各地對排放量的嚴格要求，我們不知道日後會否有法例去監管這些超級跑車的氣體排放，從而影響銷量。

如何分析

分析法拉利股票，應該多留意其財務報表，看看其廣告活動支出及資助一級方程式會否超出平常的範圍，而直接影響法拉利的盈利能力。如盈利能力每年持續增加，即證明法拉利的業務仍在上升周期。此時可以預測的市盈率平均數，去設定買入及沽出的策略。

★ ★ 東昇投資 ★ ★

法拉利及Louis Vuitton等奢侈品股票，一直是筆者想加入投資計劃當中，以平衡科技股的風險。但是價格一直高企，筆者一直都找不到一個合適的投資機會，只能夠等下一次大市調整的時候，再重新部署買入。

4.7 Lululemon [LULU] 專注瑜珈用品 受惠健康風

Lululemon Athletica
Lululemon
Lulu

簡介

業務類別：時裝／運動用品

行政總裁：Glenn Murphy

主要持有股東（機構）：FMR（15.0%）

Lululemon於1998年在加拿大成立，並於2007年上市。Lululemon被譽為近年發展最快的公司之一，其經營獨特之處為比較傾向內部晉升經理級的員工，以及較多利用網上媒體發放廣告。

股價圖

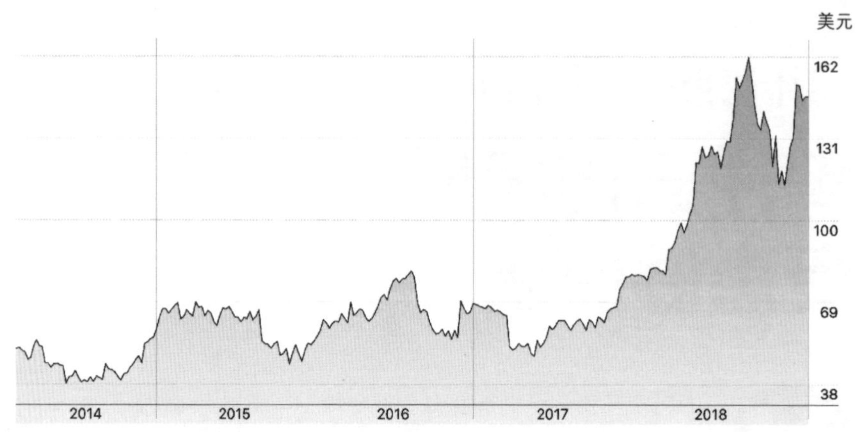

業務及產品

Lululemon主要從事健康運動產品的設計、生產及零售，旗下品牌有Lululemon及ivivva。

Lululemon產品包括瑜珈服、瑜珈周邊產品（如運動袋、水樽、瑜珈墊等等）、運動內衣、運動褲、風褸等。Lululemon擁有特別專利科技的布料，以耐用、通爽及舒適而深受愛好者喜愛。產品主攻女性市場，但亦有男性服裝售賣。

ivivva品牌則專注設計6-14歲的運動產品，推廣兒童及青少年的運動文化及鼓勵使用高質量產品。

主要競爭對手

運動用品：Nike, Adidas, Puma, Under armor等等

瑜珈服：ALO Yoga, Manduka, prAna等等

業務地域

現時，Lululemon集中北美、歐洲、澳洲、中國、日本、香港市場，截至2017年，Lululemon在十二個國家擁有404間商店。

財務狀況

圖表4.71　Lululemon 2016-2018重要財務資料（單位：十億美元）

	2016	2017	2018
損益表			
營業額	2.06	2.34	2.65
經營利潤	0.37	0.42	0.49
經營利潤率（%）	17.91	17.96	18.67
純利	2.66	3.03	2.59
每股盈利（美元）	1.89	2.21	1.90
資產負債表			
總資產	1.31	1.66	2.00
總負債	0.29	0.30	0.40
股東權益	1.02	1.36	1.60
現金流量報表			
經營活動現金流	0.30	0.39	0.49
資本支出	0.14	0.15	0.16
自由現金流	0.15	0.24	0.33

資料來源：Lululemon 2016-2018年度報告

過去三年，Lululemon營業額的複合增長率以大約15%成長，同時，經營利潤率仍在改善中。因為發行多了新股的關係，股東權益被攤薄了，每股盈利則維持在2美元左右。以2018第4季平均市價140美元來計算，市盈率高達70倍。

但由於公司處於快速成長的階段，總資產及股東權益亦都在膨脹中，而且公司亦獲得正現金流，進一步有利公司發展。

企業優勢

運動及瑜珈文化發展：全球流行健康及可持續生活方式文化，令運動及瑜珈亦廣受歡迎。這狀況對專攻瑜珈服裝及用品的Lululemon有利，現時亦暫未見到有轉向。

高定價：Lululemon產品定位在高檔路線，仍有不錯的銷量及增長。其高定價有助建立品牌形象，並可以帶來高毛利、高淨利及高現金流，有助企業日後發展，也不需要跟對手進行慘烈的價格競爭。

企業前景

從自家店到特許經營／寄賣：Lululemon的發展勢頭良好，零售運作主要是自家擁有的旗艦店及線上電子商貿。時機成熟時，相信Lululemon或會以特許經營的模式，及於其他運動用品零售店寄賣貨品。據以往分析其他運動用品品牌發展的經驗，這樣的部署有機會令營業額及盈利大增。

地域發展：根據Lululemon發布的資料，他們的零售點很快會進駐墨西哥及中東地區。在數年之內，Lululemon在中國市場也有機會倍增。而在歐美地區，營業額則預期有穩定的增長。

圖表4.72　Lululemon的地域發展

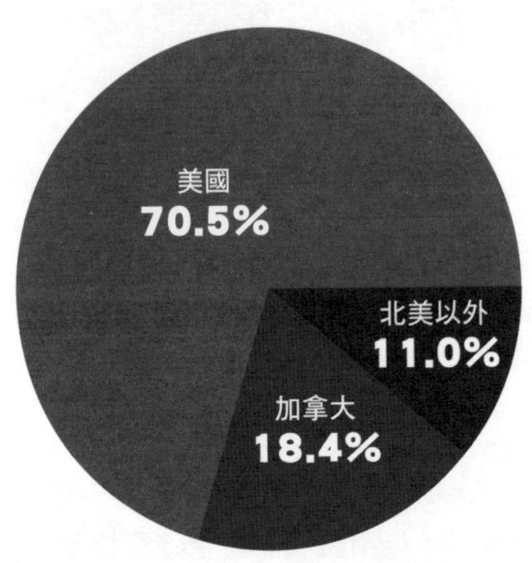

經營風險

品牌知名度：Lululemon的品牌知名度仍未算十分出眾，時裝亦容易受到潮流影響。假若大眾不喜歡這品牌，會大為影響公司的擴充及發展，亦會令股票失去價值。

貨品設計：Lululemon曾經受到顧客對產品的設計及質量的投訴。最近較為嚴重的一次是曾經有產品的透光度太高，引來女性顧客的不滿，最後更引起了大型產品回收，帶來了成本上的損失。所以，貨品的設計風險亦不容掉以輕心。

如何分析

由於Lululemon在過往幾年的盈利增長強勁，所以投資者都給予一個極高的交易市盈率。根據資料分析所得，Lululemon的平均預測市盈率達35倍。業餘投資者可以從網上找到公司的盈利預測，從而得到估值，當股價遠低於估值，大市氣氛良好，生意額增長持續及投資主題不變時，投資者便可以考慮Lululemon。但要留意的是，Lululemon的市盈率及市帳率均極高，而且沒有派息，投資者宜多加注意市場風險。

★★ 東昇投資 ★★

筆者在2018年頭留意此股，於年中開始持有，預計會長線持有。雖然市場風險極高，但筆者仍看好此公司的執行力，相信可在全球的銷售網大放光彩。

Chapter 5
投資美股須知

5.1
選擇合適的美股交易商

當讀者閱讀到這裡時，應該對前述的美股有了一定的認識，亦應該對自己心儀的美股有了投資的衝動。

在此我想提醒讀者，投資美股並非簡單之事，應以嚴肅的態度看待，投資者亦應該具備一定的財務知識及英語水平，因此，若投資者沒有投資港股的經驗，個人就建議不要胡亂嘗試投資美股。但假若你已有若干年投資港股的經驗，希望擴闊眼界投資不同地域的資產，美股絕對是一個不錯的平台。

跟港股一樣，美股亦需要透過一個認可的交易商（broker）進行買賣。交易商大體上分為兩種：銀行及專注證券業務的證券商。

本地銀行開戶：本港各大銀行，例如滙豐銀行、花旗銀行、中國銀行、恒生銀行等，都有提供買賣美股服務，如果想到相熟的銀行開戶，投資者可聯絡銀行提取進一步的資訊。據我手上資料所得，想在本地銀行買賣美股，客戶本身需有一定的資產淨值，又或者要投入一個固定的金額用作投資美股，金額由幾萬元至幾十萬元不等。

另外，在銀行買賣美股的好處是客戶可以同時開立美元戶口，把港元轉成美元後，便可以在美元戶口投資美股。除了時間上比較快捷，銀行在計算總資產時，會一併計及港元、美元的存款及美股的價值。但要留意的是，在銀行買賣美股的佣金收費並不便宜。

證券商開戶：在本港，不少知名及中資證券商，亦有提供美股及其他地區股票債券的買賣服務。

證券商要求客戶存有最低資金，以我使用的證券商為例，就要求客戶的戶口最少存有一萬美元。開戶後，客戶可以買到很多地區不同的投資產品，利用證券商交易的好處是佣金較銀行低，我使用的證券商，佣金低至0.99美元，令我的交易成本大為降低。

留意佣金及實時報價收費

雖然佣金便宜，但證券商提供的服務大多要收費，單說股票實時報價服務，要看紐約交易所及納斯達克交易所的報價，已經要分別收取兩個費用。另外，如果交易金額或投資金額不達最低要求，也要每月額外收取月費，所以投資者應多加留意。

部分證券商能夠提供美股及全球股票的孖展服務，用戶可以抵押一個地區的資產，再利用孖展額度買入其他地區資產。舉例說，我用的證券商可以買入港股，然後把港股抵押給證券商，得到孖展額度，然後用孖展額度投資美股，或者相反。這樣的操作能夠令到投資上有很多的可能性，有助用戶調動資金及應付波動市況。

使用銀行的好處是可以把外幣戶口及本地戶口連結，而且感覺上銀行的業務也比較穩妥。使用證券商的好處則較為彈性，而且手續費一般較低，更有提供孖展作投資之用。

投資者開戶前應貨比三家，進行多些比較找到合適自己的投資平台。

換美元買美股匯率風險有限

由於美股買賣以美元結算，投資者在交易時亦需使用美元，因此投資者開戶後，第一件事要將手上的港元兌換成美元。有了美元之後，便可以在相關交易所輸入股票的號碼並進行買賣。前文也提及過，港元及美元由聯繫匯率掛鉤，投資美股的其中一個好處是匯率浮動輕微，兌換率維持在1：7.75至1：7.85之內，投資者所承受的外匯風險很低。

美股需交股息稅

美股其中一個獨特之處，是沒有港股的交易手數及入場費。美股的買賣單位是一股，一股的買賣令投資者可以進行豐儉由人的交易，但投資者要注意，手續費會否過度蠶食整個投資的回報。

有些美股的市場價格很高，以巴菲特的巴郡A（BRK-A）為例，一股大約要30多萬美元，折合差不多兩百多萬港元，所以要買入一股巴群A股也不容易，投資者也多多留意。

就着本書所提及的美股為例，最貴的美股相信是Amazon，高峰期大概是每股2,000美元，折合大約需要15,000多港元。

另外一樣與港股不同的，是美股有股息稅。根據美國的法例，海外投資者每次收取美股股息時，需要繳交股息稅（Dividend Withholding Tax），實際的稅項取決於投資者的國籍及所在地。

以香港人為例，每次收取美股股息，美國政府均會扣除30%的股息稅。對於想透過房地產信託基金或高息股獲取股息的投資者，股息稅可說是非常不利，會直接減低回報率，從而影響整個投資的回報。所以我投資美股的時候，比較傾向不派股息而保留股息發展的科技公司。

5.2

美股正值大牛市
是危亦是機

股市指數變幻莫測，沒有人能預計明天會發生甚麼。筆者在撰寫此章時（2019年3月左右），美股剛剛經歷了歷時數月的急劇調整，執筆時已慢慢重拾上升軌道，短期內亦有望挑戰新高。算一算，作者出版此書時，美國可能正在延續其長達10年的牛市。

道瓊斯工業平均指數走勢

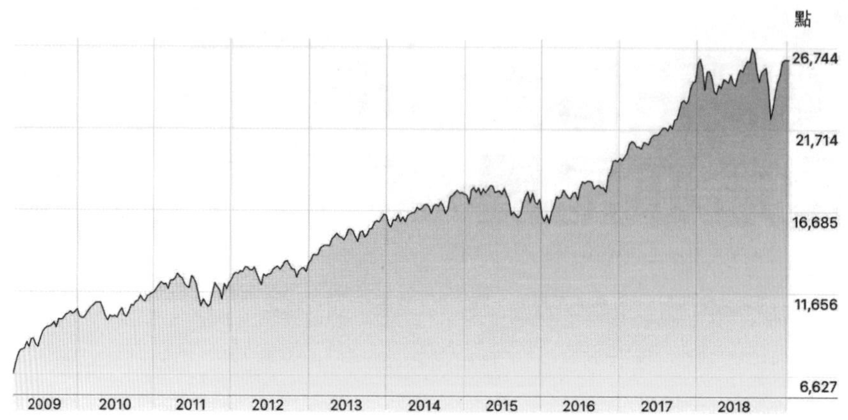

納斯達克指數走勢

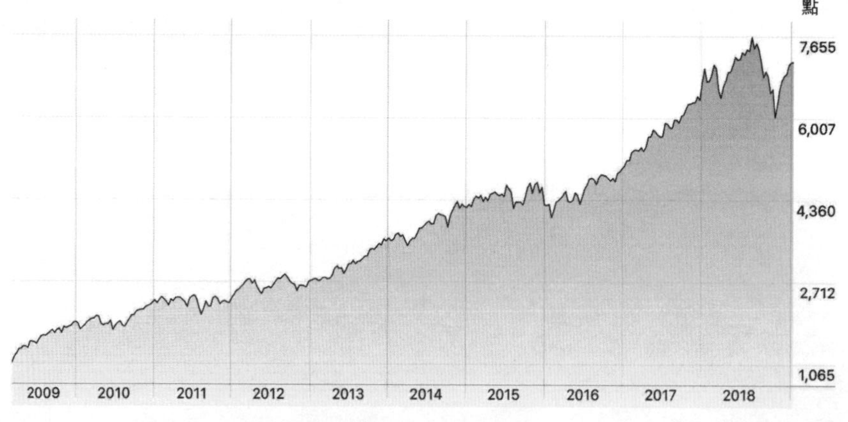

上圖可見，道瓊斯指數及納斯達克指數已經歷了長達10年的牛市，而且亦有上升勢頭。

比較歷史數據，這個牛市的長度可謂極長，而且並不尋常。當市場興奮到某個水平，或者對股票的估值不合理時，只要有一些壞消息，便能夠令到股市進行大幅調整。因此入市前，投資者應了解個人投資的計劃，清楚市場調整的風險，作出審慎的投資計劃。有需要時，更應參考個別獨立專業人士的意見，小心進行投資，千萬不要以為美股市場的錢很容易賺，避免投入過多的金額或借貸投資。

反過來說，如果投資者是比較穩健及有耐性，不妨把前股票加以分析，多加觀察股票並加入觀察名單，當有些股票作出大幅度的價格調整，在基本因素沒有改變下，便是買入股票作為長線投資的好機會。

Wealth 99

智勝美股 顛覆世界的16巨企

作者 東昇
出版經理 Sherry Lui
責任編輯 Carlos Yan
書籍設計 Stephen Chan
相片提供 Getty Images

出版 天窗出版社有限公司 Enrich Publishing Ltd.
發行 天窗出版社有限公司 Enrich Publishing Ltd.
香港九龍觀塘鴻圖道78號17樓A室
電話 (852) 2793 5678
傳真 (852) 2793 5030
網址 www.enrichculture.com
電郵 info@enrichculture.com
出版日期 2019年3月初版

承印 嘉昱有限公司
九龍新蒲崗大有街26-28號天虹大廈7字樓
紙品供應 興泰行洋紙有限公司

定價 港幣 $138 新台幣 $580
國際書號 978-988-8599-07-3
圖書分類 (1)投資理財 (2)工商管理

支持環保

此書紙張經無氯漂白及以北歐再生林木纖維製造，並採用環保油墨。